ビジネスアスリート入門

セカンドキャリアで
年収1000万円
目指すための方法

福山敦士 著

セルバ出版

はじめに：ビジネスアスリートへの転身

セカンドキャリアで成功をつかむには「5つのステップ」が必要——。

それが本書の結論です。

ステップとは、「転職」「スキルアップ」「キャリアアップ」「事業開発」「独立・起業」の5つ。

さらにはお金持ちになるために適切な「投資」をすることです。

本書では、これら5つのステップを各章で詳しく解説しています。

これらのステップを着実に踏んでいけば、年収1000万円目指せます。

スポーツ選手のセカンドキャリアに関するコンテンツはほかにもありますが、キャリアを飛び越えようとするときに、つまずきやすいポイントには触れられていませんでした。

本書では必要なステップが網羅されている点が異なります。

失敗しないためには、正しい手順を理解し、1つひとつのステップを踏んでいくことが欠かせません。

考えてもみてください。

10年以上、野球のプレイヤーから離れていた僕が、来年すぐにプロ野球選手になるのは、限りなく不可能に近いです。

それと同様に、今まで野球しかしてこなかった人が、起業してすぐに成功するのは難しい。可能性はゼロではありませんが、限りなく小さいはずです。

では、どうすればいいのか。

そのために本書のステップがあります。

ビジネスで成功したいのなら、まずビジネスという「競技」のルールを知り、スキルアップやキャリアアップを実現していくこと。

就職して目の前に仕事で結果を出し、出世する。その先に社内起業や新規事業を担当しつつ、付加価値を生み出し、結果を残していけば、独立・起業しても成功しやすくなります。

また、ある程度の資金ができ、ビジネスの全体像を学べば、資産運用によってさらにお金を増やすこともできるでしょう。

一方で、スキルアップもキャリアアップもすることなく、いきなり起業や投資にチャレンジしてもうまくいきません。

株式投資や不動産投資、あるいは仮想通貨などで大きな失敗をする人ほど、ステップを経ることなく一足飛びに行動してしまっています。

ビジネスについての全体像を把握せず、お金の仕組みについての知識がなければ、投資で成功できるはずもありません。

ビジネスの全体像とは、社会に出て、正しいステップを経ながら着実に学び、成長することによってはじめて見えてくるものなのです。

本書で紹介する5つのステップをふまえ、転職を成功させ、スキルアップ・キャリアアップを実現し、独立・起業へと進んでください。その過程で、「年収1000万円」は、自ずと達成されるはずです。

大きな夢に向かってひたむきに努力してきたあなたなら、絶対に達成できる。僕はそう信じています。

福山敦士

2024年11月

ビジネスアスリート入門　セカンドキャリアで年収１０００万円目指すための方法　目次

第2章　スキルアップの極意

第3章　キャリアアップの極意

第4章　独立・起業の極意

第5章　お金持ちになるために

付録：ビジネス入門ワーク

おわりに：自分なりの理論をつくろう

プロローグ：プロ野球選手になるより「25倍」もカンタンなこと

プロ野球ドラフト指名対象者は約6万人。そのうちプロになれるのはわずか120名ほどです。確率としては約0・2％しかありません。

一方で、年収1000万円を超えるビジネスパーソンの割合は約5％。100人に5人は年収1000万円以上を稼いでいる計算です。

この事実からも明らかなように、ビジネスの世界で年収1000万円を稼ぐことは、プロ野球選手になるより25倍も簡単です。

事実、プロ野球の道をあきらめた方々の中で、年収1000万円以上を稼ぐ方は、僕の周りにもたくさんいます。

それだけではありません。

プロ野球選手になるには、30歳を超えてから目指すのはほぼ不可能です。ビジネスパーソンは、30代超えてからが本番です。

プロ野球選手を目指して挫折したとしても、年収1000万円は達成できます。むしろ、より実現しやすいフィールドで新たに勝負すればいいのです。

厳しい野球の世界で頑張ってきたのですから、ビジネスでも上を目指せるはずです。

順番としては、年収を上げてから資産を増やしていくのがおすすめです。

まず上位5％にどうなるか。

100人の会社であれば上位5人に入れるかどうか、1000人の会社であれば上位50人に入れるかどうかを考えてみてください。

そこにたどり着くには「戦略」が必要です。

求められるスキルを身につけ、キャリアアップ（出世）をするために必要な知識と方法をもつこと。つまり、どんな組織でも通用する〝武器〟を確保するのです。

その先に事業の立ち上げがあります。

事業開発および起業、さらには投資で資産を増やしていく。この場合の「投資」には、金融商品への投資だけでなく自己投資も含みます。自己投資をしていくと武器に磨きがかかり、競争優位性がどんどん高まっていきます。どの時代でも活躍できる自分になれるのです。

野球では、怪我をしてしまうと回復するまで時間がかかりますが、ビジネスにおいて怪我はほぼありません。積み重ねていけばいくほど稼げるようになり、資産も増えます。

また、野球ではピッチャーが球速200キロで投げることはできず、ホームランの飛距離も2000メートルにはなりません。大リーグでも年間100本は打てず、打率4割も不可能です。一方でビジネスは収入や資産が10倍にも100倍にもなることがあります。ベンチャー企業が上場したりM&Aをしたりすることで、数十億、数百億の資産を生むケースは枚挙にいとまがありません。

アイドルとして活躍していた小嶋陽菜さんも、セカンドキャリアとして事業を行い、M&Aによって多額の資産を得ています。彼女の会社を買った経営者も、若くして創業し、成功しています。

彼らは、ほかの人ができないことを徹底的に行ったことで成功しています。これは野球においてもそうで、多くの人が「できない」と思うほど血のにじむような努力をし、結果を出した人だけがプロになっています。

その原動力をビジネスに向ければ、年収1000万円は無理なく達成できます。

僕自身もそうですし、僕の友人・知人にも、野球だけで生きていた人がたくさんいます。彼らもプロ野球選手をあきらめてビジネスの世界に飛び込み、年収1000万円を実現しています。

ほかにも、プロラグビー選手を引退し、スタートアップ企業で力をつけた後、不動産業で成功を収めた人。保険営業の個人事業主として達成した人。独立リーグでMVP獲得後に引退し、転職を繰り返しながら、自分の絶対的な強みを見つけて達成した人。

僕の会社に入社し、事業責任者に昇格して年収1000万円を達成した人。同じく僕の会社に入社後、独立起業して、年商15億円を達成した人。大手企業に入社し、活躍し、新規事業として子会社社長に就任した人など、さまざまです。

ただ、効率的かつ戦略的に目標を達成している人は少なく、遠回りをしてようやくそこにたどり着いている人が多いのも事実。

そこで本書では、僕なりにビジネスで成功するための方法を分析し、ステップとしてまとめました。あきらめなければ誰でも成功できますが、人生は有限です。〝近道〟を選びましょう。

野球を通じて努力してきたこと、前向きな姿勢、気合い、根性などをそのままいかし、ビジネスの世界で素早く成功するために。ぜひ本書を活用してください。

第１章　転職の極意

同業界・同業種で結果を出す

同業種・同業界で働くことが、最も結果を出しやすい――。

このことを理解しているかどうかで、転職の成否も変わります。セカンドキャリアを「転職」ととらえた場合、前記の事実を理解しているかどうかが重要です。

野球経験者の多くも、全体の7～8割が野球関係の仕事に就いています。野球に未練があるケースもありますが、「そのほうが結果を出しやすい」ことを無意識に理解しているからでしょう。

ほかの業界でも同じです。

たとえば、インターネット広告の会社にいた人がインターネット広告を展開する会社に行けば、いわゆる「土地勘」があるので結果を出しやすいはずです。

プロ野球選手が引退後、野球の仕事に就くことが多いのも同じ理屈です。

もちろん人間関係というファクターもあるのですが、基本的には同業種・同業界が結果を出しやすく、野球をしていた人は球団職員や球団のコーチ、スカウトなど、野球関連の仕事に就くのが最も結果を出しやすいと思います。

事実、私が経営している「香川オリーブガイナーズ球団」でも、歴代の選手たちが活躍してくれています。土地勘のある業界で、活躍しようという志をもって仕事をしているので、自ずと結果が出ているのです。

全く違う業界や職種に転職するのではなく、「同じ職種で違う業界に行く」など、軸を固定したまま転職や副業をすることで結果が出やすくなるでしょう。

後のキャリア展開もふまえて、ファーストステップでは土地勘のある仕事をし、そこで結果を出してからセカンドキャリア、サードキャリアへと進むことをおすすめします。

その中で違う業種にも積極的にチャレンジしていけば、スキルの幅も広がります。野球で言えばグラウンド以外の仕事、スポンサー営業や裏方の総務・事務、マーケティング、広報などを経験すれば、スキルは確実に積み上がっていきます。

そうすれば異なる業界や職種でも活躍する道がひらけてくるでしょう。

業界のトレンドを知る

転職先の業界がアップトレンドか、それともダウントレンドか。どちらを選ぶのかによって年収や将来のキャリアが変わります。

たとえばドライバーでも、タクシー会社やバス会社など、自動運転技術の向上やライドシェアの普及によって今後は厳しくなることが予想される業界もあります。そうなると給料も上がりにくいでしょう。

求人が多い職種であっても、業界全体が儲かっているかどうかによって、将来性が変わってくるのです。問屋や卸売業者など、業界全体がＥＣに流れていく中で流通量が減り、厳しくなっているものもあります。

そうした企業に就職しても将来的に給料が上がる可能性は少ないでしょう。ビジネスチャンスが減っていくためです。

就職先を選ぶ際には、業界の未来や将来像を正しく把握した上で、その道に進むかどうかを判断するようにしましょう。求人の多さだけを見るのではなく、伸びている業界だとチャンスが増えやすく、報酬も上がりやすいです。

加えて、「若手が活躍できる土壌があるか」という点も重要です。

たとえば生成ＡＩの分野は、まだ確立されてはいないかもしれませんが、国内ではまだ使いこなせる人が少ないのでチャンスがあります。若い人のほうが詳しくなりやすく、またビジネスとして展開しやすいので活躍するチャンスがあります。

かつてのインターネットやスマートフォン関連のビジネスをイメージしてもらうとわかりやすいと思います。ビジネス経験は浅くても、現状忙しくなく、時間的な余裕があること自体、アドバンテージになり得ます。

もちろんキャリアに正解はありませんが、業界全体が追い風か向かい風なのかをきちんと調査しておくことが大切です。

ダウントレンドの業界を選ぶ場合は、それなりに理由が必要です。

たとえば、ダウントレンドの業界には優秀な人が集まりにくい分、若手の人材が人的資本としての希少価値が高まりやすいというメリットもあります。

そうしたメリットとデメリットがあることをふまえて、転職先を選ぶようにしましょう。

ビジネスの世界にドラフト会議はない

野球選手は、うまい人から順番に推薦されたり、スカウトされたりします。つまり「声をかけられて」キャリアを形成していく人が大半です。

全国大会に行くと、「○○から声がかかった」「計○○チームからスカウトされた」という話をよく聞くと思います。

スカウトから声をかけられなくても、監督が懇意にしている大学や社会人チームがあり、「推薦するから行け」と言われることもあります。

それがあたり前になると、キャリア形成においても「声がかかるものなんだ」と思い込んでしまいます。大人によってキャリア（進路）を決められてきたために、自分で進路を決めてこなかった、決める必要がなかった、ということです。

一方で、野球をしてきたけれど社会で活躍している人の多くは、あまり野球がうまくなかった傾向があります。少なくともトップ選手ではなかったので、声がかからず、早い段階で見切りをつけています。

見切りをつけることによって「自分は何をすればいいのか」と主体的に考え、行動しているのです。僕自身もそうでした。

大切なのは、プロ野球選手をあきらめると同時に「この先にドラフト会議はないんだ」ということを自覚すること。ここから先は自分で選んでキャリアを決める必要があります。応募ボタンは自分で押さなければなりません。

ここから先は、「自ら決める」という姿勢をもつようにしてください。

近年では、学童野球の人数が減っているのにもかかわらず、大学野球の部員数が伸びています。事実、全日本大学野球連盟の調査によると、２００７年に２万１４７人だった大学野球の部員数は、２０１７年に２万８０００人を超え、その後も同水準で推移しています。

そのため野球をしたまま20歳を過ぎ、プロの道をあきらめたものの、その先の進路を選べずに苦労している人も増加しているのです。

プロの道をあきらめた瞬間から、自分でキャリアを築いていく必要があります。

働くチームも、ポジションも、すべて自分の意志で決めるのです。

求人とは社会で求められている人物像のこと

誰しも「やりたいこと」や「なりたいもの」があると思います。

ビジネスの世界に足を踏み入れる場合には、「やりたいこと」ではなく、「何を求められているのか」を知ることが大事です。

一般社会における「求められている人物像」とは、「求人情報」のことです。

迷ったら「自分は何を求められているのか」を聞いてみましょう。

自分が何を求められているのかを社長や先輩に聞ける人ほど、「素直なやつだな」「前向きだな」「根性がある」などと評価されます。

トップレベルで野球を経験した人なら、監督やコーチの言うことをちゃんと聞いてきたと思うので、その点では評価されやすいはずです。

素直さや根性などは、いわゆる「定性的」なスキルです。それらは特に若手の頃に威力を発揮します。

最初のうちは指示を受けて仕事をすることになるので、それをいかにちゃんと聞いて行動に移せるかが結果にもつながります。

もちろん、それだけで年収１０００万円を達成できるわけではありませんが、初期段階では、決められたことを決められた手順で粛々と行える人のほうが、結果を出す傾向があります。

こと営業の仕事においても、気合いや根性より、決まった商品を決まったお客様に決まった手順で案内することのほうが重要です。

それを何十件、何百件、何千件と行っていく中で、少しずつ差が出てきます。

その前提となるのが、仕事を得るための求人情報であり、自分が何を求められているのかを知ること。「この会社がこれから入るかもしれないあなたに求めるスキル・経験」への理解です。

これが社会の入り口です。

まずは、お願いされた仕事で結果を出しましょう。そのために、期待に応える方法を習得するのです。

やれと言われたことをやる。それが仕事の基本的な動作です。

野球においても、「ここに投げる」「こっちに打つ」「ここで盗塁する」など、言葉で表現できるレベルの指示もあれば、それ以上の「観客をわかす」などのパフォーマンスがあります。

ただ、いきなり求められている以上のことはできないので、まずは指示どおりにきちんと行動すること。そのために求人情報を読んでみましょう。

コラム：「向き不向き」ではなく「知識不足」

もともと野球をやっていた人の中には、社会に出たものの、すぐに結果を出せない人がいます。

そのようなとき、「自分はビジネスに向いていないのかも……」と感じることもあるでしょう。

しかし、落ち込む必要はありません。

なぜならビジネスの世界に足を踏み入れるということは、別の〝競技〟にチャレンジするようなものだからです。

最初は結果が出なくても、競技が変わっているのだから仕方ありません。少なくとも「向いている・向いていない」と考えるのは早計でしょう。

特にビジネスという競技は、知識があるかどうかで結果が大きく変わります。「知らないから結果が出ないだけ」ということがとても多いのです。

またビジネスは、スポーツのように体つきや身体能力によって差がつくものとは異なります。

僕自身、野球選手としては小さかったので、肉体的に恵まれた人よりも結果を出せませんでしたが、ビジネスでは人の10倍も１００倍も結果を出しています。

そうした違いが生じる理由は、ビジネスが頭を使う競技だから。知識と知恵によって付加価値を生み出せるのがビジネスの特徴です。

さらに野球の場合、バッティングで一度に取れる点数は4点だけですが、ビジネスで生み出すパフォーマンスは何億円でも何兆円でも可能です。

つまり、それが知識の力なのです。

ビジネスを「向き・不向き」で考えるのではなく、まずは知識が足りていない現状を真摯に受け止め、学び続けるようにしましょう。

心配いりません。経験を積めば積むほど、知識や知恵は蓄積されていきます。先輩の言うことをちゃんと聞き、知識を蓄えるようにすれば、自ずと結果もついてくるでしょう。野球を真面目に頑張ってきたあなたなら、愚直に行動し続けることは難しくないはず。経験を積み、知識と知恵を身につけて、野球選手時代の何倍ものパフォーマンスを発揮できるようになりましょう。

売り手市場でも油断は禁物

人手不足が叫ばれる昨今。

転職活動をする人にとっては、まさに「売り手市場」と言えるでしょう。

ただ、だからといって、誰もが望んだタイミングで望ましい仕事に就けるわけではありません。

たとえば、取引先の会社や仕事の関係者に「うちに来てよ」「好きなときでいいから」と言われたとしても、のんびり構えているとタイミングを逃してしまいます。

行きたいと思ったときには、そのポストが埋まっている可能性があります。

僕がサイバーエージェントに在籍した当時、社員の中に大手広告代理店へ移る人が少なくありませんでした。

インターネット広告の市場規模が拡大していたため、そのノウハウをもっている人が大手に流れていたのだと思います。

けれど、今、その転職ルートは最適解でしょうか。

答えはNOだと思います。

なぜなら、大手ではすでに人もノウハウも足りているからです。給与水準も、かつてのベンチャースタートアップ企業は、かつての大手企業の水準を上回っていることも多いです。キャリア形成において重要なのは「逆算」することです。

つまり、転職後にどういう活躍をしたいのか、どういう経験を積みたいのか、さらにはどういう未来を描くのかまで考える必要があります。

安易な転職ではスキルアップやキャリアアップにつながりません。むしろ、活躍できないところに身をおくことになりかねません。

「投資」におきかえるとわかりやすいです。

誰もが欲しがる銘柄に飛びついても、「安くよいものを買う」ことにはなりません。

むしろ、まだ人気が集中していない会社に入り、実力以上の経験を積み、自分自身の市場価値を高めることをおすすめします。

会社を辞められないという誤解

すでに就職している人の中には、転職をためらう人もいます。

特にたくさんの仕事を抱えている人や責任の背負いすぎで辞められないなど、メンタル的に支配されている場合には注意が必要です。

・自分が辞めたらこのプロジェクトが破綻する
・自分が辞めたら会社が回らなくなる

本当にそうでしょうか？

たとえば、ＤＶをする相手と別れられない人がいたとしましょう。それははたして健全な状態と言えるでしょうか。

そのような人に、「別れたほうがいいですよ」と言っても、きっと「でも、私がいないとあの人は……」などと返されてしまうでしょう。

それと同じです。

もともと人は変化を恐れやすく、同じことを繰り返したがる傾向があります。

けれど、もう少し視野を広げて考えてみてください。

あなたの大切な人生の時間を、失っているとは考えられないでしょうか？

「転職をしたい。けれどできていない」という状態を繰り返していても、未来は何も変わりません。気がついたら年齢を重ねており、新しいチャレンジが難しくなるだけです。

一歩を踏み出せない人は、転職に対するネガティブな情報だけでなく、ポジティブな情報にも触れるようにしてください。

転職してうまくいっている人に話を聞くと「自分もそうなれるかもしれない」と期待がもてるこ

とでしょう。

変わるのには勇気がいるかもしれませんが、あなたらしいキャリアを実現するために、ぜひ転職という手段を活用してください。

少なくとも、せっかくの機会を逃してしまわないように注意しましょう。今この瞬間の決断が、未来のあなたをつくるのです。

ゆずれないことは何か？

転職先を決められないという人がいます。

人間は3つ以上の選択肢があると決めづらくなるといわれているように、複数の選択肢があると、その中から選ぶのは難しくなります。

せっかく内定を得ていても踏ん切りがつかないのです。

特に現代は情報があふれており、さまざまな情報から比較すると「こっちのほうがいいかも」「いやこっちのほうがいい」などと思ってしまうのも無理はありません。

判断する軸はさまざまで、年収、働く時間、働く場所、条件、住む場所などがあります。

そのうちどの軸を選ぶのかによって、将来のキャリアプランにも影響してきます。

では、どうやって選べばいいのでしょうか？

解決策としては「自分が譲れないもの」について考えてみること。

年収でも時間でも場所でもかまいません。その中から、自分が絶対に譲れないものを選び、そこを軸に決断するのです。

特に若い人は、「どんな経験をしたいのか？」という軸が重要です。

多くの経営者が「一度は営業を経験したほうがいい」と言うように、現場での経験は、将来のキャリア形成に大きく影響します。

中には「営業はしたくない」という人もいるかもしれません。しかし「やりたい・やりたくない」ではなく、未来のキャリアを見越して経験を積むことが大事です。

それが将来、大きな資産になります。

一度軸を決めたら、絶対にブレないようにしてください。先を見据えて、あなたの中で変わらない軸を設定することが大事です。

そもそもあなたはなぜ転職しようと思ったのでしょうか。

そして将来はどうなっていたいのか。

自分の軸で決断すれば、自ずと活路はひらけてきます。

その会社では転職者が活躍しているか？

転職先を選ぶ視点としては、「転職者が活躍しているかどうか」というのは1つのポイントです。

企業にはその企業ならではの文化があり、転職者が多く活躍している会社には、そのような体質があると考えられます。

たとえば新卒入社が多い会社は、上司も新卒で入っているケースが多く、後輩もまた新卒者が活躍しやすくなります。

そのような組織では、転職組が肩身の狭い思いをするかもしれません。

一方でコンサル会社などには、新卒を採用して育てるというよりは、同じ業界で活躍してきた転職者が活躍しやすいところもあります。

転職者の比率が高い外資系の金融業者やベンチャーキャピタルなども同様です。

ですので、表面的なイメージに惑わされることなく、「転職者の割合はどうか」「転職者が活躍できる土壌があるか」などの点をチェックするようにしてください。

ちなみに、新卒者の割合が多いからといって、中途採用を積極的に行っていないとは限りません。

また「平均勤続年数」もあまり参考にはならず、特にベンチャー企業のように若い会社だと、単に会社の歴史が短いだけということもあります。

離職率については、7％前後が健全だといわれていますが、社内の状況とともに判断したいところです。リストラを積極的に行っている会社もありますが、単純に業績が悪くて人を切っているのであれば、転職のチャンスはないでしょう。

同じリストラでも、会社として人の入れ替えを行っているのであれば、転職して活躍するチャンスがあるかもしれません。

その点でも、表面的な「リストラ」という事象だけでとらえるのではなく、その中身をきちんとチェックすることが大切です。

重要なのは、入社した後にあなたが活躍できるかどうかなのですから。

大企業に行くことが正解ではない

就職やキャリア選択を考えるとき、多くの人は「大企業に入ることが正解」と思いがちです。

しかし、それがあなたにとって最善の選択とは限りません。大切なのは、企業の規模やブランドではなく、自分が成長できる機会を得られる環境を選ぶことです。

考えるべきは「自分にとって未経験の領域に挑戦できるかどうか」です。

特にキャリアのスタートでは、どれだけ多くの実践的な経験を積めるかが、その後のキャリアに大きな影響を与えます。自分が未経験であっても、大きなチャンスを与えてくれる環境を選ぶことが重要です。こうした観点で考えると、ベンチャー企業は人数の少なさゆえに、1人ひとりに任される役割や裁量が大きい傾向があります。

結果として、若い未経験者にもチャンスが回ってきやすい環境と言えるでしょう。

ただし、大企業が成長の場として不適切というわけではありません。

大企業の中でも若年層に裁量を与え、早い段階からチャレンジさせてくれるところもあります。

重要なのは、希望する企業がどのような文化をもち、未経験者や若年層にどれだけの成長機会を提供しているかをリサーチすることです。

たとえば、入社後すぐにプロジェクトを任せてもらえるのか、上司や同僚からどれだけ学べるのか、といった具体的なポイントを確認しておくべきです。

もう1つ重要な視点は、「成長産業かどうか」を見極めることです。

成長産業は新しい市場や技術の開発が進みやすく、変化が激しい分だけ多くの経験が得られます。業界全体が成長していれば、組織の規模にかかわらず、個人にも自然と多くのチャンスが巡ってきます。逆に、成熟しきった業界では、役割が固定化され、若手に裁量が与えられる機会が限られる場合も多いでしょう。

最後に、キャリア選択をする際には「次の次のキャリア」を見据えることが大切です。現在の仕事が次のキャリアにつながるだけでなく、その次のステージでも通用するスキルや経験を得られるかどうかを考えましょう。

そのためには、戦略的に「決断経験」を積むことが欠かせません。自ら考え、選び、実行することで、どんな環境でも活躍できる基盤を築くことができます。

大企業かベンチャーかという比較にとらわれず、自分がどれだけ成長できるか、自分にチャンスが回ってくる環境かどうかを見極めましょう。

そして、次のキャリア、そのさらに先を見据えた視点で、あなたに最適な選択をしてください。それが、将来につながる「正解」を見つける鍵です。

社長に直接連絡する

現在は、個人のＳＮＳで情報発信ができる時代です。

会社の経営者も同様で、ＳＮＳのアカウントをもっている人が増えています。

彼らへの連絡手段はＳＮＳがおすすめです。会社のホームページにある「問い合わせフォーム」よりも、早くレスがもらえます。

「目上の人にＳＮＳで連絡するなんて失礼だ」と思う人もいるかもしれませんが、メッセージが送れる状態にあるということは、すなわち「送ってもいい」ということです。

僕のＳＮＳにも若い人からたくさん連絡がきます。主にＸ（旧ツイッター）ですが、「こうやって時代は変わるんだな」と感じています。

中には人事ツールとして使っている経営者もいるので、ぜひ臆することなく、積極的に活用していきましょう。

経営者にとっても、ＳＮＳは採用コストがかからず、自分自身の発信に共感してくれて応募してくれているので、非常に使いやすいのです。

ただし、使用する際にはいくつかの注意点があります。

１つ目は時間帯です。

スマートフォンを使っていると油断してしまいがちですが、基本的には営業時間内の連絡を心がけるようにしてください。

また、送信するメッセージとしては、

・突然のご連絡失礼します

・いつも○○を拝見しています

などと文頭につけておくと丁寧です。丁寧すぎるぐらいに書くことで、常識のある人であることが相手に伝わります。

テクニックとして、メッセージを送付する経営者の投稿が拡散しているときや、イベント・講演会で登壇した日の夜などはチェックしてもらいやすいので狙い目です。

ぜひＳＮＳを活用して、経営者に直接アプローチしていきましょう。

転職活動をはじめるタイミング

転職活動は、なるべく早く、できれば今すぐにはじめるのがおすすめです。

たとえすぐに転職する気がなかったとしても、転職活動自体はしておいたほうがよいでしょう。

それは僕自身の経験からも間違いなく言えることです。

僕がはじめて転職活動をしたのは、新卒で入社してから2年が経過したときです。

転職サイトに登録し、スカウト案件がいくつか来て、面接にも行ったのですが、面接官に対してうまく自分をアピールすることができませんでした。

自分が頑張って取り組んできたことを一生懸命お話ししたのですが、面接官には届いていなかったのです。

なぜ伝わらなかったのか。その理由は次のとおりです。

- 自分がやってきたことを表現する練習ができていなかった
- 新規事業の起ち上げをやっていたため、企画も開発も営業も運用もすべてやっていたが、その全部を伝えようとしすぎて逆に「中途半端な人」という印象を与えてしまった

仕事の成果は、他人に評価されてはじめて「価値」になります。

「わかる人にわかればいい」というスタンスでは、相手に伝わりません。

自分のキャリアを満足に伝えるためには、職務経歴書に自分の実力をそっくり掲載できるようにしなければならないのです。

その上で、自分の言葉でしっかり伝えられるようにすること。それが大事なのだと学びました。

転職活動を経験すると、そうした気づきを得られます。

それだけでなく、自分自身の棚卸もできます。

転職活動は人生を変えるきっかけになります。人生を変えるには「使う時間」「付き合う人」「住む場所」のいずれかを変えなければなりません。

転職活動はそのすべてを変えるきっかけになります。

転職するかどうかはともかく、自分の可能性をたしかめるためにも、まずは一歩を踏み出してみ

ましょう。

年収についての考え方

年収は、所属している会社の「人事評価制度」に則《のっと》って決められています。

同じ評価制度の中にいる以上、どれだけ結果を出しても、劇的に変わることは期待できません。

そして人事評価制度は、どの会社でもそれほど変わらないものです。

一方で、転職市場での評価は〝業界の相場〟で決まります。

業界によっては、年収が上がる場合もありますし、逆に下がることもあるでしょう。

では、年収が上がれば転職は成功したと考えていいのでしょうか？

そうではありません。

僕はむしろ、年収にこだわりすぎるのは止めたほうがいいと考えています。将来的に年収1000万円を目指している人ほど、目先の年収にとらわれないことが大切です。

なぜでしょうか。

理由は単純で、特に若い人ほど、キャリア形成においては「経験が物を言う」からです。

「経験資産」という言葉もあるように、あなたのキャリアをつくるのは「何を経験」し「何を学んだのか」ということです。

いくら今の会社の給料や待遇がよくても、本当に実現したい未来があるのなら、その会社で一生を終えてしまうのは得策とは言えません。

転職先も同じで、給料だけがよくても、望むような経験ができないのであれば、さらなる飛躍は期待できないでしょう。

あなたが追い求めるべき本当の価値とは、未来のキャリアをつくる経験資産です。それこそが揺るぎない価値なのです。

目先の年収ではなく、経験を積み上げていくこと。

その先に、あなたらしいキャリアがあります。年収1000万円というのは、理想的なキャリアを実現した先であなたを待っているのです。

付き合う人をコントロールする

どのようなコミュニケーションを取っているのかによって、自らの成長度合いは変わります。

特に「誰と付き合うのか」ということを、より真剣に考えるようにしましょう。なぜならそれが、あなたの人脈を形成するからです。

最も多くの時間を共有している上位5人が、その人のレベルといわれています。つまり、周囲にいる5人の顔を見ると、あなたのレベルが決まります。

特に大きいのは「価値観」です。周囲にいる5人が与えている価値観は、あなた自身の価値観に影響を及ぼしています。単純に似通ってくると考えてもいいでしょう。

たとえば、特定のニュースに対する解釈は人によって異なるが、周囲５人とあなたの解釈はそう違わないはずです。世の中の動きに対してどのような身の振り方をするのかについても同様です。価値観が似通っていると、必然的に、職業や年収も近くなります。物事に対する考え方が似ており、それが仕事のスピード感にも影響しているためです。

逆に考えると、自分がなりたい人物像や職業、実現したい年収などがあるのなら、そのような人々と交流したほうがいいでしょう。そうすることで、徐々に価値観やスピード感も近づいていきます。たとえば、英語を話せるようになりたいのなら、教科書で学ぶより、英語を話している人々のそばに行ったほうが早いです。つまり留学です。留学が言語習得に最適であることは周知の事実です。それはすなわち、環境を変えるということです。環境を変えれば、自ずと自分も変わらざるを得ません。強制的に自分を変えたければ、環境を変えればいいのです。

人脈についても同様です。環境というのはつまり人です。環境を変えれば人が変わります。人が変われば、環境も変わるのです。ヤドカリが貝殻を変えて成長するかのように。

まずは、現在の人脈を書き出してみましょう。そのうえで、付き合う人を見直し、人脈を再構築していきましょう。

経験資産を最大化させる

経験資産とは、自分がこれまでに経験してきたことや、それを通じて得た知識、スキル、人脈など、将来に役立つ「財産」のようなものを指します。

たとえば、部活でリーダーを務めた経験は、チームをまとめる力や責任感を身につける機会になります。また、アルバイトを通じて接客を学ぶことは、人とのコミュニケーション力や忍耐力を高める一助となります。

こうした経験の積み重ねは、ビジネスの世界でもいかすことができます。

元アスリートとして培ってきた経験は、キャリア形成において強力な「経験資産」となります。競技の中で得たスキルや価値観を整理し、それをどのようにビジネスや人生全般にいかしていくかを考えることが、経験資産を最大化する鍵です。

アスリート時代の経験を、そのままビジネスの文脈にあてはめるのは簡単ではありません。しかし、自分の経験を「翻訳」することで、新しい場での活用が可能になります。

たとえば、次のような視点で考えるとよいでしょう。

- チームスポーツ経験→「リーダーシップ」や「協調性」として表現する
- 試合でのプレッシャー対応→「困難な状況での冷静な判断力」として活用する
- 競技での怪我やスランプの克服→「逆境からの立ち直り力」として語る

これにより、アスリート時代の経験を新しい分野で価値のあるものとして再定義できます。特に企業が重視する「柔軟性」や「適応力」は、アスリートの経験に直結する重要な資質です。アスリートは目標達成のプロフェッショナルですが、競技を離れた後もこのスキルは有効です。次のキャリアでどのような自分になりたいかを明確にし、その実現のための具体的なステップを描きましょう。

たとえば、次のような視点で目標を考えるとよいでしょう。

- 短期目標：「半年以内に関連資格を取得する」
- 中期目標：「３年以内にマネジメント職を目指す」
- 長期目標：「スポーツ関連ビジネスで独立する」

目標を明確にすることで、行動に迷いがなくなり、経験資産を活用する機会を最大化できます。経験資産は目に見えないけれど、将来の自分の選択肢や可能性を広げてくれるものだということです。

たとえ失敗経験でも、それを通じて学んだことが自分の成長につながります。ビジネスの世界でも、失敗を恐れず挑戦し続けることが大切です。アスリート時代に何度も失敗を乗り越えてきたように、キャリアにおける失敗も学びに変えることで経験資産となります。

重要なのは、「何を学んだか」を振り返り、次にいかす姿勢です。

経験資産を最大化するコツ７選

①経験資産を「棚卸」する

・自分がこれまでに得た知識、スキル、人脈を整理し、明確にする。
　例：競技で培ったリーダーシップ、アルバイトで築いた対応力など。

②経験を新しい分野に「翻訳」する

・たとえば、チームスポーツの経験は「協調性」として、逆境を乗り越えた経験は「逆境対応力」として再定義する。

③明確な目標を設定する

・短期、中期、長期の目標を具体的に描き、その実現に向けて計画を立てる。
　例：半年以内に資格を取得、数年以内に新たな職種に挑戦するなど。

④失敗に学びに変える

・失敗から学んだ経験をもとに、ビジネスの世界でも挑戦と成長を繰り返す。
・重要なのは「何を学んだか」を振り返り、次にいかすこと。

⑤人脈を広げる

・ビジネスの世界でも「新規の出会い」を獲得する。
・SNSや交流会を活用して、さまざまな人とつながりをもつ。

⑥自己PRの力を高める

・自分の経験をもとに、自身の強みやこれまでの成果を面接やプレゼンテーションで、恥ずかしがらずに伝えてみること。

⑦継続的に学ぶ（リスキング）

・新たなキャリアで必要なスキルや知識を学び直す。
・オンラインコースやセミナーなどで専門知識を獲得する。

第2章　スキルアップの極意

「見つける」のではなく「決める」

成果を出すためには、目標は「見つける」のではなく、「決める」ことが重要です。

「見つける」と「決める」では、その後の動作が圧倒的に違います。

目標を見つけようとすると、いずれ「見つかる」になってしまい、行動が受動的になります。

正解があるものだという前提で、それが見つかるまで待つというスタンスです。

それだと、変化の早い世の中では一生受け身になってしまうでしょう。

これに対し、「決める」というのは今ある数多くの選択肢の中から考えて「どれにするか決める」というもの。すなわち能動的な行動です。

能動的であるがゆえに、あとから自分で変えたり、改善したりすることができます。

高校野球で言えば、まず「県大会ベスト8」という目標をいったん決めるとします。

1回戦、2回戦と勝ち進んで、ベスト8が見えたら、もっといける気になります。そこで、目標を「ベスト4」に上げるのは問題ありません。「県大会優勝」という目標を決めて頑張って優勝が見えてきたのだから、「県大会の優勝だけじゃなくて、全国大会の優勝も目指していいんじゃないか」としてもよいのです。

逆もしかりです。

「日本一を目指すぞ」と言っても、初戦で勝てないことが続くようなら、とりあえず「1回戦突破」

という目標に下げると決めて、それに向かって全力で取り組み、あとから少しずつ上げていけばいいのです。

新たに目標を決めると、「自分はどんな目標設定なら一番パフォーマンスが出るか」「一番頑張れるか」というところを改めて見定めていくことになります。

目標を「決める」のは、ベテランになっても難しい作業です。「目標設定」自体、磨くべきスキルなのです。

目標設定のスキルを磨くためには、自分で何度も目標を決め、「その目標は高過ぎないか」「低過ぎていないか」などと振り返ることが大事です。

そうして目標設定のスキルが磨かれていきます。

まずは、目標を「決める」回数を増やしましょう。自分で決めることで、目標に対する「決断経験値」を増やすのです。

「頑張る」とは何か？

目標に達しなかったとき、つい出てしまう言葉に「来月こそは頑張ります」というものがあります。

誰しも「頑張ります」という言葉を耳にしたことや口にしたことがあるでしょう。「頑張る」という言葉は素晴らしくもあり、同時にあなたを思考停止にさせる力があります。

事実、何を頑張るのか、あなたはすぐに説明できるでしょうか？

もちろん頑張るという気持ちは大事です。ただ、それだけでは足りません。大切なのは具体的な動作に落とし込むこと。つまりタスク化です。

仕事ができる人ほど、タスクの具体化が上手です。

たとえば「はい、それでは今から10分あげるので〝頑張って〟ください」と言われたら、あなたは何をするでしょうか。

そのときに具体的なタスクを設定できるかどうかで、その後の成果も変わります。

僕自身、学生時代の部活動でなかなか試合に勝てない時期に、ＯＢの方々から「もっと頑張れ」と指示されて、何をどうすればよいのかわからず悩んだことがありました。

悩まないためには、曖昧な言葉を「動作に落とす」作業が必要です。

試合に勝つために「頑張る」という言葉を動作に落とし込むならば、

・対戦相手を分析する
・相手チームの決め技を封じる練習をする
・自チームの戦力を可視化する
・試合に勝つために何得点・何失点が必要なのかパターン出しをする

などがあげられます。要は具体化することが大事です。

先日、ある営業マンに「顧客への提案が全然通らない」という相談をされました。「提案してもどうもピントがずれているという指摘をもらいます。お客さんの話はしっかり聞いているんですけど」とのこと。そこで「しっかり聞くとは何か？」と問うと、「……わからないです」という返答になりました。

「しっかり聞く」とは、具体的に何をすることなのか。動作に落とし込めば具体的な行動へとつながります。「しっかり聞く」、これを動作に落とし込むと次のようになります。

- あらかじめ質問項目を共有する
- Ａ４の用紙に質問項目をプリントしてもっていく
- 担当者のミッションを聞く
- 目標数値を聞く
- 現状の達成度合いを聞く
- 決済フローを聞く
- 連絡手段を聞く

頑張ると決めたのなら、〝何を〟頑張るのかを、具体的な言葉で定義しましょう。言葉を定義することは、動作化するための一歩となります。

人は、言葉を定義しなければ行動に移せません。抽象的な言葉は、その意味において行動的ではありません。

自己成長も、結果も、行動によってはじめてもたらされます。「頑張る」のではなく「〇〇をする」というように、行動へと落とし込みましょう。

考えるとは「自問自答」すること

若手のうちは、上司や先輩から「お前、ちゃんと考えているか？」と言われることも少なくないでしょう。

ただ、その場合の〝考える〟とは、具体的に何を意味しているのでしょうか。それを理解していなければ、失敗を繰り返すことになりかねません。

そもそも考えるというのは、ただウンウンと唸《うな》っていることではなく、自らの行動や思考を〝自問自答〟することです。まずはそこからはじめましょう。

あなたは現在、何が問題点で何が課題なのか、把握しているでしょうか？

自分の今を知る上でも自問自答の習慣は欠かせません。

たとえば「さっきのミーティングでの振る舞いはよかっただろうか？」「今日の仕事ぶりは何点ぐらいだろうか？」「何が足りなくてうまくいかなかったのか？」などと自問自答してみましょう。日々、少しの時間でも自問自答をしていれば、自分の長所や短所、課題などが見えてくるはずです。

大事なのは、自問自答した内容を、きちんと書き出しておくことです。

最初のうちは、書く分量は少なくてもかまいません。可視化してはじめて、次のアクションにつなげやすくなることを実感してください。

自分の考えを可視化していないと、出口が見えない悩みを抱えがちになります。可視化できていないからこそ、その場の感情に流され、行動が突発的になりかねません。もしくは、頭の中がもやもやし、身動きが取れなくなってしまいます。

自問自答を書き出してみると、意外と大したことないと思えたり、人の悩みにアドバイスするような感覚で客観的に考えたりすることができます。

思考、すなわち「自問自答で可視化する」動作は、それなりのエネルギーを使います。慣れないうちはすぐ疲れてしまうでしょう。

最初は多くの時間を取る必要もないですし、自分に合ったペースで無理なく自問自答してみてください。それを習慣化するのが大事です。

自問自答ができるようになると、あらゆる壁を乗り越える力が身につきます。

ＹＫＫ理論

僕が若手のビジネスパーソンにすすめるメソッドに「ＹＫＫ理論」があります。ＹＫＫ理論とは、「やって（Ｙ）、感じて（Ｋ）、考える（Ｋ）」の略です。

これはＰＤＣＡが苦手な人向けの考え方で、「やって」が〈行動〉、「感じて」が〈知覚〉、「考える」が〈思考〉です。

順番はＹからはじめるのが基本で、「まずはやってみよう」というメッセージを込めています。ＰＤＣＡでいうと、Ｐ（計画）ではなくＤ（実行）からはじめるイメージです。

Yの次は、C（評価）ではなく、K（感じる）。感性を研ぎ澄ますということです。感じたことを言葉に紡ぎ出して、次のK（考える）、打ち手を考えるという順番です。

PはK（考える）に相当しますが、僕は考えてからスタートすることを推奨していません。確実な一歩を踏み出すにはまずやってみることが大事だからです。それによって、精度の高いプランが立てられます。

PDCAよりも、まず「やってみる」という、素早く行動を起こすことに重きをおいた「YKK（やって、感じて、考える）」をぜひ試してみてください。

「やって」（Y）「感じて」（K）「考える」（K）は、それぞれ「行動」「知覚」「思考」と言いかえることができます。

自らの行動・知覚・思考を俯瞰するのが「メタ認知」ですが、そこでは思考の思考、行動の振返り、知覚の言語化を行います。

イメージとしては、自らの行動・知覚・思考を客観的な視点から眺めつつ実行すること。それによって、自らを客観視するためのメタ認知的視点を得ることができます。

ちなみに、無意識の認知活動を見える化し、人が行っていることをロボットが代替するための技術がAIの分野です。

自動運転技術にもメタ認知の発想が応用されています。どのようなときにどう運転をすればいいのかを判断するためには、あらゆるケースを想定し、「こうなった場合はこうする」というプログラムを組みます。組み込まれたプログラムは、状況に応じてアップデートを繰り返します。

こうしたすべての過程において、メタ認知の発想が活用されているのです。

ＹＫＫ理論も「行動」「知覚」「思考」を繰り返していく中で、メタ認知能力が養われていきます。

朝の入り方、夕方の締め方

朝のルーティンが確立されている人は多いのですが、一方で、夕方や帰り際のルーティンはどうでしょうか？

スポーツと同様、アップも大切ですが、ダウンも大切です。一流の人は、むしろダウンにこそ美学をもっています。

そこで、ここではおすすめの「夜のルーティン」を３つ紹介しましょう。

①タスク完了状況を確認する

その日のタスクが完了しているか否か、確認できているでしょうか？

新入社員時代は、上司に日報を提出していても、段々やらなくなる人が多いです。「振り返り」を続けることで、「タスク設定能力」は高まります。

目標達成に必要なのは「明日も頑張ろう」という意気込みではなく「タスク設定能力」です。現状を正確に把握し、タスクに対してどのくらいの労力で完了できるのかを見積もる力が重要です。

「やるべきことができたか」の確認で、自分自身のタスク遂行能力が計測できます。

できていないことを恥じなくても大丈夫です。やると決めたことがいくつできたか、正確に向き合うようにしましょう。

どんなに偉くなっても「設定したタスクをこなす」という動作は一生つきまといます。気づいた今から一歩ずつ上達しましょう。

② 翌日やることを列挙する

日々の振り返りをふまえて、翌日のやることを箇条書きで列挙する。これが「タスク設定能力」です。

タスクは「目標」とも言いかえられます。1か月間の目標とは、言いかえれば1か月間のタスクであり、また目標達成はタスク遂行とほぼイコールです。

日々のタスクを遂行できたかどうかを確認し、フィードバックすれば、ビジネスパーソンとしての自分をどこまでも高めてくれます。

業務時間中は振り返るヒマがないと思うので、帰り道にふと考えてみるのがおすすめです。まずは、翌日やることを箇条書きで列挙してみましょう。

③ 外してはいけないタスクをスケジュールに入れておく

タスク管理は人それぞれですが、スケジュールに組み込むことが大事です。

コツとしては、「資料をつくる時間」や「調べものをする時間」など、作業にあてる時間ごと作業場所とセットで押さえること。

作業の場では、外部からの連絡を断つべく、スマホは機内モードにします。

タスクを把握しているはずなのにタスクが漏れてしまう理由は、自分以外の人が原因であるケースがほとんどです。現代はスマートフォンやＳＮＳでいつでもどこでも連絡が取れてしまいます。そのため、連絡があるたびに遂行しようと思ったタスクの優先度を下げることになり、タスクが漏れ続けてしまうのです。

外してはいけないタスクをスケジュールに入れつつ、集中して取り組むようにしましょう。

１００点を１つより、60点を２つアウトプットする

仕事を高速化するためには、アウトプットを早めなければなりません。仕事というのはアウトプットの連続です。アウトプットを早めることが、仕事を高速化することになります。

アウトプットを早くすると、フィードバックも早く得られるようになります。提出するまでもたもたしている人は、相手からフィードバックを得られず、悶々《もんもん》とするだけです。

そのような状況に陥る前に、たとえ60点の状態でもいいから、とにかくアウトプットすること。フィードバックを得たうえで改善していけばいいのです。

仕事が早い人は、そうでない人が１００点のものを１つ出そうとする間に、60点のものを２つ提出しています。そしてそれぞれ、フィードバックを得ているのです。

フィードバックがあるため、60点の成果物はどんどん改良されていきます。自分だけでなく、他

人の目を通すことで素早く改善されていくのです。

企画書で考えてみるとわかりやすいでしょう。１００点の企画書を提出しようとする人は、いつも締め切りギリギリです。そしていざ提出してみると、ダメ出しを受けます。しかし修正する時間は残されていません。

一方、60点の段階でどんどん提出する人は、上司からのフィードバックを参考に、よりよい企画書をつくっていきます。それはすなわち、上司を巻き込むことでもあります。

上司としても、口を出した以上は〝共犯者〟にならざるを得ません。そこには責任が生じます。だから、一緒になって企画書を練ってくれるのです。

ただし、硬直的な組織だと「却下されるとわかっているものを出すな！」と主張する人もいるかもしれません。人によりけりですが、それでも、早く出すほうが行動としては正しいでしょう。

特に社内の成果物は、ギャップを埋めることによって成り立っています。ギャップを埋めるとはつまり、上司と部下の間にある認識の齟齬《そご》を埋めることです。

双方の認識に齟齬がなく、成果物が一定レベルをクリアしていれば、仕事は滞りなく進んでいきます。齟齬があるから停滞するのです。

齟齬を解消する行為こそ、60点での提出とフィードバックにほかなりません。

１００点を１つ提出するのではなく、60点でもいいからどんどん提出する。そのようにして、仕事の速度を上げていきましょう。

「動作化」

期日どおりに仕事が完了できない人は「動作化」することを心がけてみましょう。たとえば「提案資料を作成する」というタスクを1つひとつの動作に分解するのです。

慣れない仕事を目の前にすると「何をどのように進めればいい」のかわからず、手が止まってしまうことがあります。それを避けるために、一連の作業を具体的な動作に落とし込む（動作化）のです。

動作化とは手と足を使って、今この場でできることに落とし込むことです。

具体例をあげてみましょう。

■企画書をつくる

・A4の紙を用意する
・課題を書き出す
・解決策を書き出す
・企画のキャッチコピー候補を書き出す
・ベンチマークサービスを調べる
・プロジェクトメンバーを書き出す
・計画を書く

・上司に一度見てもらう時間を押さえる（提案日の前に）

■転職をする

・転職サイトで登録する
・面接を受ける
・内定をいただく
・退職届を書く
・上司との面談の時間を押さえる
・退職届を提出する
・引き継ぎのスケジュールを紙に書き出す
・挨拶メールを書く
・退職日に送る

■ヒアリングをする

・質問項目を書き出す
・A4の紙に質問項目を印刷して持参する
・担当者の部署のミッションを尋ねる
・部署の目標を聞く
・現状はどのくらいの数字で聞く

・決済ルートを聞く

このように細かくタスクを書き出してみましょう。そうすると、この世に終わらない仕事などないことに気がつくことでしょう。

仕事が早い人はスピードではなく「初動」が早い

「自分は仕事が遅い」と悩んでいる人の多くは、動き出しが遅いです。つまり「初動」が遅れています。

初動が遅れると、いつまで経っても仕事は進みません。

一方で、仕事が早い人は初動が早い。仕事を溜め込むことなく、早く動き出している結果、次から次へと処理できるようになるのです。

短距離走の選手を見ればわかりやすいでしょう。スタートの段階からトップスピードを上げられる人はおらず、どんな選手も、序盤、中盤、終盤と徐々に早くなっていきます。

仕事も同じです。動き出しを早くしなければ、物事はスムーズに進んでいきません。取りかかりが遅くなればなるほど、着手するのが億劫になります。その結果、仕事は遅れていきます。

特に現代は情報社会です。今日の意思決定が、明日の環境に適合するとは限りません。グズグズしていると、仕事の前提そのものが変わってしまうこともあるでしょう。

それにもかかわらず、初動でもたついているようでは話になりません。ようやく着手したときに

は、仕事の意味が失われています。それでどうして成果を出せるというのでしょうか

夏休みの宿題を思い出してみてください。好成績を収めていた生徒ほど、夏休みの序盤から少しずつはじめていたはずです。言うまでもなく、成績が悪い生徒がはじめるのは8月の終盤です。結果は一目瞭然でしょう。

僕がこれまで「10冊の本を書く」と明言している理由もそこにあります。

50歳や60歳になってから本を書いたほうがクオリティーは高まるかもしれません。しかし、初動を早め、それまでにたくさん書いておいたほうがさらによいものが書けると考えているのです。

50歳になってから最初の1冊を出すのと、50歳になって11冊目を出した場合では、どちらがより良質な本になるでしょうか。蓄積されたフィードバックと経験のおかげで、後者に軍配が上がるでしょう。

会社をつくって大きくするというのでも、1社目から大成功を目指すのではなく、複数の会社をつくって実力を育んでもいいのです。そのうち、大きなチャンスが得られるかもしれません。

しかしそのためには、少なくとも、初動を早めなければならないのです。

企画は紙の上で考える

現代人の多くは、パソコンで資料を作成しているでしょう。手書きで何かを書くことは少ないはずです。

しかし僕は、仕事を高速化したい人ほど、あえて手書きをおすすめします。特に普段のメモは、パソコンやスマートフォンから手書きのノートに切り替えるようにしましょう。

その理由は、目が受ける光の違いにあります。

本を読むときなどもそうですが、紙を読むときに受ける光は「反射光」です。紙に光があたり、反射することで書いてあることを認識できます。映画館の映像も同じ仕組みです。

一方で、パソコンやスマートフォンは「透過光」です。文字を表示する媒体（パソコンやスマートフォン）自体が発光し、画面を通して目に光が届いています。画面を透過しているから〝透過光〟です。

反射光と透過光の違いは、情報に対する〝脳の受け取り方〟を変えます。具体的には、分析的な思考をしたいのなら、反射光（紙）のほうが向いています。

たとえばパソコンで入力した文字を印刷し、紙でチェックしてみると、ミスを発見しやすいということがあります。これはまさに、反射光と透過光の違いによるものです。

反射光のほうが分析的な思考ができるため、確認はプリントアウトしたうえで行うなど、習慣化するのもおすすめです。ミスの削減につながります。

同様に、アイデア出しにおいても紙を活用しましょう。企画書の作成などはまさにアイデアが必要なので、ノートに手書きすることからはじめてみてください。アイデアが固まったら、清書をパソコンで行えば問題ありません。

ノートの効用は、反射光がもたらすメリット以外にもあります。それは自由度が高いということです。

事実、オフィスソフトを使用して文章を作成すると、左端から書くのが基本となり、どうしても制約があります。そのため決まりきった文章しか書けません。

しかしノートであれば、どこから書いてもいいのです。文字だけでなく図や表、イラストを描くこともできるので、自然とアイデアが広がりやすくなります。

脳の構造やノートの性質を理解しておくと、より効率的に使えるようになるでしょう。

まずは、資料作成の最初の5分を「ノート+手書き」に変えてみてください。

リードタイムをコントロールする

仕事は他人との関わりの中で行うものです。自分1人でやるのではありません。そのため、すべてが自分都合で進められるわけではないのです。

たとえばメッセージのやり取りにおいても、メールの場合は、相手の返信を待つ時間が発生します。いわゆる「リードタイム」です。

リードタイムを単なる待ち時間にしてしまうと、ほかの仕事は進められません。リードタイムすらも、自分の責任で操るようにしましょう。

たとえば、社内で企画書を作成し、それを上司や役員にチェックしてもらっている場合。その企画に関しては、許可が下りるまでは進められません。進められない間はリードタイムになります。

許可が下りるまでただ待っているのは時間のムダです。時間管理は自分の責任なので、別の仕事を進めましょう。ほかの企画を考えてもいいでしょう。

もちろん、リードタイムを使って休憩するのもありです。むしろ、いつも元気でエネルギッシュに見える人ほど、細切れの時間を使って休憩しているものです。

仕事を手早く処理するには、一定の集中が必要です。当然、集中するのには集中力が欠かせません。疲れていたら集中できないのです。休憩を上手に取ることも、スピードアップに直結します。

少なくとも、ただ待っているだけの時間は誰のためにもなりません。誰も幸せにしないのです。流れていく時間を自らコントロールしようとしなければ、時間はどんどん垂れ流されていくだけです。

しかし社会人である以上、誰もが自らの時間に責任を負わなければなりません。それが生産性を上げることにもつながり、自分を成長させることにもなるのです。

意識的・無意識的にメールの返信を待ってしまっている人は、まず、メールを待つのを止めましょう。メールのことを忘れて、目の前の仕事に集中するのです。

また、企画会議や役員会議の決定がなければ進めないときは、別の仕事に目を向けましょう。周囲を見渡せば、やるべき仕事はほかにたくさんあるはずです。優先度の高いものから着手していきましょう。

リードタイムを自分の責任で操るようにすれば、使える時間は増えていきます。その結果、仕事のスピードもクオリティーも高まっていくでしょう。

スピードとクオリティーはセット

仕事のスピードを早くすると、「クオリティーが下がってしまうのではないか」と心配する人がいます。しかし、それは大きな誤解です。

むしろ、仕事のスピードが早まると、仕事のクオリティーは上がります。アウトプットすることで、何らかのレスポンスが得られるからです。

そもそも、仕事をゆっくりやればいいものができると考えること自体、間違いです。時間をかければいいものができるとは限りません。

誰しも、締め切りギリギリになって慌てて作成した課題が、思いのほかいいできだったという経験があるでしょう。一方で、時間をかけた割にふできだったこともあるはずです。

それと同じように、仕事のクオリティーもまた、かけた時間に比例するとは限りません。むしろ早くスタートし、早く提出し、早くレスポンスを受けて、早く改善したほうがいいのです。

インターネットを活用した事業の多くは、その繰り返しです。完璧な状態で出すのではなく、テスト的にアウトプットしてレスポンスを受け、改良していく。そうすることで、より早く、よりよいものを生み出していきます。

ほとんどの業務には、絶対的な正解がありません。時代は変わり、環境も変わり、人々の評価も変わっていきます。ボールをもっているだけではよいものを生み出せないのです。

また、アウトプットのスピードが遅いと、それがリスクにもなります。あらゆるものが急速に変化している現代では、遅くなればなるほどチャンスはなくなっていきます。

ＳＮＳを活用した新規サービス計画をしたとき、10年後の完成を目指すのはナンセンスです。10年も経てば、トレンドは大きく変わっています。現時点での計画など意味をなさないでしょう。時間をかけることに特別な意味がないのであれば、スピードを速めるのがベストです。スピードを上げれば上げるほど、クオリティも高まっていきます。

会議は「ＧＡＴ」で進める

ビジネスにおいて、大事な意思決定はすべて会議で決まります。

会議を効率的に進めるためのフレームワークが「ＧＡＴ」です。それぞれ次のような意味があります。

- **Ｇ**（ゴール）：ミーティングのゴールを共有する
- **Ａ**（アジェンダ）：話すべき項目を列挙する
- **Ｔ**（タイム）：制限時間を設ける

■ゴールのポイント「何ができればOKなのか」

ゴールの設定が上手な人は、会議の目的を言葉で定義します。「なぜその会議をやるのか」「何ができればその会議は成功なのか」「決定をしたいのか、アイデアの数を増やしたいのか」などです。ゴールや目的が明確ではない会議は、改善につながりません。集まってからゴールを説明するのは時間の無駄でしょう。

会議を依頼した時点で「何ができればOKなのか」を伝えることが大切です。呼ばれる側もどんどんゴールを聞くのがマナーです。

会議のゴールをホワイトボードやZoomのチャット欄など、みんなが見えるところに書いておくと脱線しても戻れるのでおすすめです。

■アジェンダのポイント「議題は明確か」

アジェンダは「議題」のことです。その会議で触れておきたい事項を示すことが重要です。

商談する際には次のようなアジェンダが考えられます。

- 所属部署の目標とミッション
- 現状（定量と定性）
- 質問や相談したいこと

アジェンダはこのように箇条書きでOKです。メモ程度に単語を並べるだけでも、事前に書き出しておくことでお互い準備できます。

■タイムのポイント「時間を守っているか」

「開始と終了」を守るのがポイントです。次のようなパターンはNGです。

- ・上司や会議オーナーが時計見て「あ、時間すぎてる！」とあわてる
- ・次の予定や会議がある人が、あわてて部屋を出ていく
- ・その議論で何も決まらず、次のアクションも決まってない

もちろん、時間内に議論が終わりそうにないときもあるでしょう。そうならないよう、5分前になったら「ネクストアクションを決めましょうか」と発言するようにしてください。

次回の日程を決めたり、宿題を確認し「アクションにつなげる」のです。

また、時間調整はその場で行うこと。結果的に調整の時間が減ります。

このようにGATは「事前に伝える」ことが重要です。

事前に伝えられない場合も、会議がはじまる最初にゴールとアジェンダを伝えるようにしましょう。GATが難しいと感じるのは、目標が曖昧だったり、話し合いが脱線しやすい場合です。対策として、最初に簡単な「1文での目標」を設定し、議題は3つ以内に絞りましょう。

また、時間配分は大まかでもよいのでタイマーを活用すると効果的です。

最初から完璧を目指さず、少しずつ慣れていくのがポイントです。

ホウレンソウは2・5・8

仕事をするうえでは、「周りの人を巻き込む方法をもっているかどうか」が重要です。このように書くと、「どんなすごい方法があるのか」と思うかもしれませんが、基本は「ホウレンソウ（報告・連絡・相談の略）」です。まずはホウレンソウをバカにせず、しっかりと行っているかどうか、自問してみてください。

仕事のスピードが速く、周囲と円滑に仕事を進める人ほど、このホウレンソウのタイミングに気を配っているものです。

僕の場合、相手のためというよりも、「2・5・8」のホウレンソウのリズムで仕事の型ができ上がっており、結果として、自分にとっても相手にとってもよいように回っています。

「上司が望んでいるタイミングで報告する」というのは基本的な考え方ですが、多くの人がホウレンソウのタイミングの認識で上司とズレがあります。だから「あの仕事どうなっている?」と聞かれてしまうのです。

「提案資料」をつくる場合であれば、

- ・「目次」ができた2割の段階
- ・「体裁・ボリューム」が見えてきた5割の段階
- ・「ほぼ完成」する8割の段階

で相手に確認するといいでしょう。全部やり直しという時間とエネルギーのロスを防ぐことができます。

しかも、方向性を確認しているので作業に没頭でき、相手が求めるクオリティーをしっかりと満たす、あるいは相手の期待以上に仕上げることができるのです。

とはいえ、はじめから上司の望むタイミングをつかむのは難しいでしょう。そこでおすすめは「2割報告」を心がけることです。

とにかく着手して2割の段階で報告し、相手と方向性を確認しつつ、必要に応じて軌道修正をしていくのです。そうすれば「やり直し」の手戻りによる時間のロスが抑えられます。

2割とは、資料作成であればアジェンダやレイアウト作成などの状態と考えていいでしょう。

僕自身の過去を振り返ってみると、ミスは大抵「ホウレンソウ」のタイミングのズレに起因していました。どうしても自分1人で完璧なアウトプットを出したくて、報告が後手後手になり、納期ずれを起こしてしまっていたのです。

その反省から、2割の段階で確認してもらい、半分できた5割の段階とほぼ完成が見えてきた8割の段階で報告という「2・5・8」のリズムでのホウレンソウを心がけています。

そのリズムを刻むために、最初の「2割報告」が大事というわけです。

最近ではホウレンソウのほかに、「ザッソウ（雑談・相談の略）」が重要といわれています。雑談そのものが大事というより、気軽に雑談できる関係性をつくることが、ホウレンソウの抜け漏れを防ぐことにつながるということです。

「受信者責任」と「発信者責任」

「受信者責任」と「発信者責任」という概念があります。前提となるのは、コミュニケーションが不成立の状況です。

「受信者責任」とは、情報の受け手側（聞き手）が理解できなかったことに責任があるという考え方です。一方で「発信者責任」とは、情報の伝え手側（話し手）の伝え方の不足による責任という考え方になります。

例をあげてみましょう。

ある組織では、「ちゃんと理解できなかったほうが悪い」「その場で質問しなかったのが悪い」という、受信者責任の風潮がありました。組織内でコミュニケーションの方針が決まっているのはよいことですが、受信者責任の場合、発信者側の改善が聞きづらいのがネックです。

そもそも仕事とはアウトプットを生み出すことであり、アウトプットの品質を高めるためには、発信者責任で改善を繰り返す必要があります。

「部下は動かせるけど、上司を動かすことができない」

「上司は動かせるけど、部下を動かすことができない」

そんなビジネスパーソンは存在しません。得意・不得意はあれど、人を動かすには相手の立場で考えることが必要です。相手に対してどんなインプットをすると望んだアウトプットが出てくるのか。ここを考えコミュニケーションを取ることが求められます。

発信者責任で自身のコミュニケーションを改善するようにしましょう。

特に自分よりビジネススキルが劣る人に対しては、文字でも残すことがマナーです。「これ前にも言ったよな」という指摘は、お互いに落ち度があります。「何を言ったか」ではなく、「どのように伝えたか」。それが発信者責任の考え方です。

受け手のレベルが低いのに、難しい依頼をしてしまった自分を反省すべきでしょう。小学生に対して１５０ｋｍ／ｈのボールを投げるのではなく、下手投げで取れるボールを相手の胸に投げるのがプロというものです。

反対に、自分よりレベルの高い人に対しては、熱量をセットで伝えましょう。メールだけでは動いてくれない上司が、この世にはたくさんいます。それは日本に限った話ではありません。「いや、私はちゃんと伝えました」「テキストでも言葉でも伝えました」という気持ちはわかります。けれど、同じ相手に対してコミュニケーションし、実際に動いてくれる人と、動いてくれない人は存在するのです。

その違いは、相手に対して適切なコミュニケーション方法を選択したか否かによって生じます。

自分の伝え方の問題じゃない場合もあるでしょう。しかし、自責で考えないと進歩はありません。自分自身を進化させる方が、早く理想に近づけるのであれば、そっちを選択するべきです。

事実と解釈を分ける

良好なコミュニケーションには〝事実〟の確認が必要です。お互いに事実が何であるかを確認しておかなければ、建設的な議論の土台はつくれません。

非建設的な議論というのは、前提となる事実が共有されていないものです。事実が何であるのかわからないまま「私はこう思う」「いいや私はこうだ」などと、お互いに好き勝手なことを言っています。

それでは、いつまで経っても議論は平行線でしょう。土壌が整っていないから芽が出てこないのです。

だからこそ、まず土台となる事実を確認しておくこと。そのうえで議論を進めていくのが基本です。

ただし、最終的な決断については〝解釈〟の問題となります。事実をふまえ、どのような解釈によって決断するのかが意思決定のポイントです。

たとえば、ある事業に1億円投資したとしましょう。得られたリターンが80％で、これらが議論の前提となる事実です。

このような事実があることをふまえ、「80％であれば成功だ」ととらえるか、あるいは「せめて90％なければ失敗だ」ととらえるのかは、まさに解釈の違いです。解釈の違いが、決断の違いとなるのです。

つまり、議論の土台となるのは事実ですが、決断は解釈の違いに基づくということです。

たとえば、コンサルティングのフレームワークに「空、雨、傘」というものがあります。「空を見て、雨が降りそうだと解釈し、傘をもっていく」というロジックのことです。

このロジックには、「事実があり」「事実を解釈し」「その解釈から実行する」という流れがあります。この順番が大事です。

単純に、「雨が降りそう＝傘をもっていく」と考えてはいけません。雨に対するソリューションは「雨合羽を着ていく」「クルマで行く」「そもそも外出しない」など、さまざまだからです。

「雨が降りそうなら傘をもっていくのが普通でしょ？」といった個人的な判断を議論のベースにしてしまうと、〝事実〟ではなく〝意見〟が土台となり、議論は平行線をたどることになります。議論がかみ合わないというのはそういうことです。

そうならないよう、事実からスタートする。そして、事実から解釈し、解釈から決断するという手順で議論を進めましょう。

解釈を共有するための「視点」「視座」「視野」

事実をベースに議論を進め、最終的な決断は解釈によって行う。その解釈を共有するために押さえておきたいのが「視点」「視座」「視野」の３つです。

視点というのは、物の見方のこと。ある対象を、どのような角度から見るのかによって視点は変わっていきます。

たとえば、ある会社を評価する場合、社歴を見るのか、売上高を見るのか、代表者を見るのかによって解釈は異なるでしょう。現在で見るのか、未来で見るのかという違いもあります。それが視点の違いです。

視座というのは、見る人の立場による違いです。会社を評価するのでも、従業員として見るのか、経営者として見るのか、あるいは投資家として見るのかによって解釈は異なります。視座の違いは立場の違いなのです。

従業員の視座でその会社を見ると、「楽しそう」「働きやすそう」「待遇がいい」などの評価になるかもしれません。

しかし、経営者の視座で見ると、「どんなビジネスモデルなのか」「どういう採用をしているのか」「どこを競合ととらえているのか」などが評価のベースになるでしょう。

さらに投資家の視座からすると、「営業利益はどのくらいか」「利益率はどうなっているか」「アップトレンドかダウントレンドか」など、見るべきポイントは変わっていきます。

視座によって視野も変化するのですが、そもそも視野とは見る範囲の違いです。

たとえば従業員であれば、似たような業種・業態の範囲でしか会社を見ないかもしれませんが、経営者は市場全体でその会社を位置づけるかもしれません。あるいは投資家であれば、日本国内、あるいは世界全体で見ることもあるでしょう。

また視野に関しては、解像度も問題になります。さまざまな企業を幅広く比較検討している投資家の視野はクリアであることが多いです。一方で経営者は、社外と社内の両方を見ていますが、従業員の解像度が高いのは社内が中心でしょう。

このように、解釈には「視点」「視座」「視野」という３つのポイントがあります。相手がどのような視点・視座・視野をもっているのかを考えるようにすると、コミュニケーションはより円滑になります。

目標設定が人生を支配する

日本で高校野球をやっていたからといって、全員「甲子園」を目指していたわけではないでしょう。目標を「甲子園出場」とおいていた場合も、必ずしも突き詰めてきた人ばかりではないのです。

突き詰めて考えると、「自分の地域（都道府県）では、何勝すれば出られるのか？」「どのチームに勝てる力が必要なのか？」「１つの大会で何得点取ることが必要なのか？」「何失点に抑える必要があるのか？」「そのための打力・守備力はそろっているのか？」など、考えることはたくさんあります

もちろん考えるだけで甲子園に行けるわけではないのですが、一生懸命頑張ったから出られるという話でもありません。

「甲子園出場」を目標としたときに、地方に野球留学する人もいます。それは確実に目標から逆算した行動です。

ビジネスのフィールドでも同様です。目標は会社によってもさまざまですが、個人の目標自体を本気で設定していない人もいます。

現実的すぎる目標となっており、もはや現状維持をするだけで達成できてしまう高さに設定してしまう人もいます。たとえば「30代でマネージャー就任」などです。

すでにその環境で達成している人が多い場合は、自分が特別に成長しなくとも達成できてしまうでしょう。時間の経過で達成する目標は、「1年間で年齢を1歳増やす」と言っているのと変わりません。つまりただの現状維持です。

時間軸に逆らった目標設定こそ、成長必然性を生み出す源泉です。気合いや根性の話ではなく、目標設定をする覚悟の話です。「なぜ二刀流を目指さないのか?」「なぜメジャーリーグを目指さないのか?」現時点でそこまでの欲望レベルがなくても問題ありません。ただ、目指さないと、掲げないと、たどり着けません。黙っていても学年が上がる学生時代とは違うのです。

ビジネスは飛び級があり得ます。カンニングもフライングもOKです。高校野球と違い、2年半という縛りもなければ、競技年齢の制約もありません。

あなたが本来もっているパワーを、現生で開花させないのは罪です。現時点の実力や結果ばかりに目を向けず、少年野球時代から「メジャーに行く」と断言していた方々が、どんな人生を歩んでいるのか考えてみてください。

自分が勝手に天井を決めてしまうことで、自分の人生のキャップが決まるのです。

結果目標と行動目標を分ける

目標には2種類あります。結果ありきの結果目標と、結果は関係ない行動目標の２つです。

結果目標は、売上や受注に関する目標です。ただし、お客様が発注してはじめて受注、相手の会社が入金してくれてはじめて売上なので、自分だけではコントロールできない領域です。

一方で行動目標は、自分自身で完結できる目標です。提案件数、アポの件数、企画書の作成数というのは、自らの行動で達成できます。

この２つの違いを認識しましょう。特に行動目標を追いかけることが大切です。一企業、個人事業主、受験生、アスリートのいずれにおいても同じです。

「以前はすごかったのに、今は見る影もない」「入社当時はすごかったのに、今はパッとしない」。そんな人があなたの周りにいないでしょうか？

一方で、職場やポジションが変わっても結果を出し続ける人、勝ち続けている人がいます。その差は何によるのでしょうか。

それは行動目標を立てたかどうかという差なのです。

仕事の結果は、１００％のコントロールは不可能です。いつでも不確実な要素が存在します。自分が100%のパフォーマンスを発揮しても、自分以外の要素が理由でよい結果にならないことが多々あります。裏切らないのは「行動」です。行動の指標をもっている人は、結果を出す確率を高め続けます。目先の結果にとらわれず、行動目標を追い続けることが大切です。

無論、結果も大事です。ただし結果に一喜一憂すると、手が止まってしまいます。

結果はあなたに成長実感をもたらします。行動はあなた自身の成長を促します。結果が出たからといって、成長したわけではありません。成長実感を得られるだけなのです。

たとえばダイエットの場合、表示された数字は結果です。それによって成功／失敗の実感を得られます。「また頑張ろう／もっと頑張ろう」とも思えるでしょう。

ただし、結果を出すための行動がない限り自身の成長は実現できません。自分が進捗しないのです。

ビジネススキルも同様です。結果が出たから成長したのではありません。成長したから結果が出るのです。この順番を間違えると、スランプに陥りやすい人になります。

結果というのは、見る人によっても「成功／失敗」の定義が違うのです。たまたま得られた小さな結果を「成功」ととらえていると、中長期の大きな結果に対する努力を怠ってしまう可能性があります。

それが「昔はすごかったけど、今は普通になってしまった人」なのです。その人にとって昔得られた結果は、未来の自分からすると「成功」ではないのです。

定量目標と定性目標を立てる

定性目標とは、言葉の目標で、定量目標とは数字の目標のことです。この2つはセットで立てます。バラバラに立てるものではありません。

たとえば「自社商品を○○万円分売る」というのは定量目標です。これに加えて定性目標を立てるなら「社員が自社に誇りをもてる業績をつくる」などが考えられます。

仮に定量目標が達成されても、定性目標達成のために「何かできることはないか」と考え、「新しい商品をつくってみよう」と新たなアクションが生まれる可能性があります。

仮に定量目標だけしか立てていなかった場合は、数字を達成したらひと段落し、次への仕込みを怠ってしまう可能性があります。

一方、定性目標だけだと「社員が自社に誇りをもてる業績をつくる」という目標に対し、「あ、僕はもうすでに誇りをもっていますので、これ以上は求めません」となる可能性があります。特に株式会社に属する以上は、常に成長を続けることが求められます。今のままで十分は許されません。

そのほか、定性・定量目標のセットの例も紹介しておきましょう。

「定性目標：○○の営業といえば自分と認識される　定量目標：個人売上1億円つくる」
「定性目標：親孝行したい　定量目標：年1回以上、親を旅行に連れていく」
「定性目標：ビジネス基礎力を高めたい　定量目標：読書の感想を100記事を書く」

このように必ずしも「定量目標」からはじめなくてもかまいません。定性目標:言葉の目標から、それを数字に落とし込む作業も重要です。

定量目標設定のコツとして、数字は高めに設定することがあげられます。「達成経験が重要」という意見もあるでしょうが、目標自体の達成ではなく実態が成長したかどうかのほうが大事だからです。

達成経験を味わいたいのであれば、前述の「行動目標」の達成にフォーカスすることを推奨します。

定性目標設定のコツは、達成有無を計測可能な状態に落とし込むことです。「オフィスを大切にしよう」「礼儀正しくあろう」は、それを達成したか否か判断できません。ルールっぽくなる場合は、それを守れることにすること。「毎週○曜日に全員で掃除をする」「人とその日はじめて目が合ったら『おはようございます』を言う」などです。計測可能であることが大事です。

目標を達成しても、目的を達成できていなければ、目標自体が間違っていた（低かった）ということに気づく必要があります。

学生時代の受験、部活動での大会において、都度「定量目標」は立ててきたと思います。

しかし、自分自身の意思で決めたかどうかは不明です。監督や部長、周囲の期待値で受動的に決まる場合も多くあります。目標設定の経験値が足りなければ、設定も難しいはずです。間違ってもいいので、自分で目標を決めてみること。これを繰り返すことで、目標設定力が高まります。

3つの達成プランをつくる

目標達成プランは、3つ用意しましょう。本気で達成したいなら達成プランは複数必須です。ビジネスの現場は、予期せぬトラブルばかりです。その都度言い訳していたらきりがありません。たとえば、東京から大阪に行くよう指示があった場合、目的地にたどり着くための手段はいくつあるでしょうか。ビジネスパーソンの場合は、新幹線か飛行機を選択する人が多いと思います。しかし、新幹線が止まってしまったらどうするか。飛行機が何らかの事情で飛ばなくなってしまったらどうするか。「新幹線も飛行機も止まってしまったので、大阪には向かえません」というのは通用するでしょうか。ほかに手段はないか。高速バスを使う、バイクで向かう、タクシーを乗り継ぐ、歩いて向かう、知人を経由してプライベートジェットをもっている人にお願いする。

方法はいくらでも存在します。目標達成プランを複数考えるとはそういうことです。

3つ以上の達成プランを考える上での切り口は次のとおりです。

1つ目は「一撃必殺プラン」。一瞬で目標が達成できるプランです。今月の目標が売上1億円だった場合は、1社との契約で1億円を達成するということです。

しかし、何らかの理由で契約できなかった場合は、そのリスクヘッジの取引先、あるいは新たな取引先を確保することが2つ目以降のプランです。5000万円×2社で達成するための商品と取引先を選定します。

3つ目も同様に1000万円×10社を選定し、可視化します。対策を講じておくことで目標未達成のリスクを軽減するのです。

このようにあらかじめ複数の達成プランを可視化しておけば、状況が変わっても柔軟に対応できます。

別の例をあげてみましょう。

僕の場合、出版物の結果目標として「10万部」という数字を掲げたことがあります。このときもプランを3つ以上考えました。「1冊で10万部目指す」「5冊で10万部目指す」「10冊で10万部目指す」です。

ビジネス書で10万部というのは大ヒットと言えます。それを狙って出せるほど、僕自身、出版業界を熟知していません。大ヒットが生まれる可能性は極めて低いため、作品点数を増やす行動も続けました。結果的に10冊以上出版し、累計10万部を達成することができました。

この結果は自分自身がコントロールできるものではありません。また出版点数（作品数）を決めるのは出版社であるため、僕ができたのは、企画書を書き、出版社に送り続けることでした。

達成プランを考える上でのコツは一撃必殺プランを仕込むこと。これに尽きます。一撃必殺達成は、準備して狙わないとできないからです。最初から積み上げ型で考えると、いつまでも達成できません。達成プランが思いつかなければ、上司に聞いてみましょう。達成に向けてがむしゃらに頑張るだけでなく、生成にプランを考えることです。

毎週、1時間予定を押さえる

人間は習慣によって規定されており、いわば習慣の奴隷です。

習慣の奴隷とは、つまりその人がどのような習慣をもっているかによって、その人が規定されていることを意味します。

高い成果を継続的に上げている人は、成果を出すための習慣をもっています。成功者が意思やモチベーションには頼らないのは、それらが揺れ動きやすく持続性が低いからです。

では、どうすれば高い成果を出すための習慣が身につくのでしょうか。

まずは毎週土曜日に1時間、予定を押さえることからはじめましょう。毎週1時間、成果を出すために必要な新しい習慣を取り入れることです。そこから成果を出す一歩がはじまります。

新しい習慣を取り入れる際は「1時間ぐらいなら楽勝だ」などと甘くみてはいけません。1時間であっても、生活の中に新しい習慣を取り入れるのは大変です。もともと人間は変化に弱いということを忘れてはなりません。

毎週1時間の予定を押さえるために、第三者を積極的に巻き込むのも1つの方法です。第三者を巻き込むことによって習慣化がしやすくなります。

予定が組みづらい人は、帰り道にカフェによる習慣をつくりましょう。振り返りの習慣を場所とともにつくるのです。

仕事終わりにジムに寄るかのごとく、カフェに寄りましょう。コーヒーを飲むと睡眠に支障が出る可能性があるので、飲み物は各自注意してください。「今日は疲れてるから」を少しだけ我慢し、ノートと向き合うことで、自分で自分の人生をコントロールできるようになります。

新しい職場に慣れてから、忙しい毎日の中で、成長実感をもてなくなるタイミングがあります。僕も経営者として、高い志を追いかけつつも、多忙の日々の中で、苦しむことがあります。

それでも、自分自身を高め続けるためには、毎週1時間だけ「振り返りの時間」を確保することです。この時間を使って、自分が1週間で学んだことや達成したこと、そして改善すべき点を整理します。たった1時間ですが、この時間をもつことで、確実に進化します。

振り返りをしない場合、日々の経験がその場限りになり、進歩を感じにくくなります。多くのビジネスパーソンがこれをやらなくなります。原因はその予定を抑えていないからです。

定期的に自分を見つめ直すと、小さな成功や成長に気づきやすくなり、目標達成までの道筋がより明確になります。自身が掲げる目標に対して、「どこがうまくいき、何が課題だったか」を確認するだけで、次に取るべき具体的な行動が見えてきます。

未来を変えるのは、日々の積み重ねと、それをどういかすかです。毎週1時間、自分の成長を見つめ直す習慣をもつことで、より大きな成果と自信を手に入れることができます。

この習慣が、長期的な人生の成功につながります。

第３章　キャリアアップの極意

監督の目の前で素振りをする

セカンドキャリアとは「転職」である――。

そう考えれば、履歴書・職務経歴書を書いていく中で、自分にはビジネスキャリアがないことに気づきます。転職を成功させるには、自分がもつスキルを見つけていくことが大切です。

野球も同じで、少年野球や中学生のときにはまだキャリアがないかもしれませんが、球の速さやバッティングの技術、走塁の技術、守備のうまさなど、個別のスキルを伸ばしていくことでキャリア形成につながります。

ただし、野球がうまくなるだけでレギュラーになれるわけではありません。レギュラーになれるのは9人だけなので、いくら150km/hで投げられたとしても、155km/hで投げられる人がいればそっちを優先されてしまいます。

ビジネスもポジションの中で一番にならないとチャンスが回ってきません。だからこそ、そのための方法を知ることが大切です。

努力すること自体は間違っていないのですが、同時に、レギュラーにならなければ意味がない。では、どうすればレギュラーになる（出世する）ことができるのでしょうか？

2つのテクニックを紹介しましょう。

1つ目は、「監督の目の前で素振りをする」です。つまり、評価をする人に対して努力をアピールしましょうということです。

世間では「努力は見せずにやれ」と言われることも多いのですが、意思決定をする側の人としては、やはり印象で決めざるを得ないのが実情です。現代ではデータが可視化されるようになりましたが、それでも印象が決めるケースが大半です。

わかりやすい結果を残せれば、それが印象にも反映されるのですが、いつでも結果を出せるとは限らないので、努力を見せることがベターな選択となるのです。

たとえば、自分の考えをブログやｎｏｔｅに投稿したり、会社で勉強会を開いて発信したりなどの工夫ができます。あるいは勉強会を開いたり自分が読んだ本をさりげなくデスクにおいたりなど、ちょっとしたパフォーマンスをすることも1つの戦略です。

努力量が増えれば増えるほど、すべてを隠すことはできません。「どうせパフォーマンスでしょ」と言われたとしても、評価する相手の印象に残ることのほうが大事です。

ＳＮＳの使い方に関しても、印象をコントロールしながら用いることがキャリアアップを考えるうえでは重要です。真面目に努力しつつ、プラスアルファでテクニックを活用していきましょう。

どうしたら昇格できるのかを上司に聞く

出世するためのテクニックの2つ目は、「どうしたら昇格できるのかを聞く」です。

野球では「どうしたらレギュラーになれますか？」と監督に聞くことはあまりないので、ちょっと意外に思うかもしれません。

しかしビジネスの世界では、野球と違い、昇格に「枠」はありません。自分で新規事業を立ち上げたり、事業部をつくったりなど、方法はいくらでもあります。

だからこそ「どうしたら昇格できるか?」を聞くべきです。

自分は頑張っているつもりでも、上司がその努力を求めてないというケースは往々にしてあります。野球で言えば、監督が点をたくさん取って勝ちたいと考えているのに、守備の練習ばかりしていては評価されるはずもありません。

「自分は誰よりも守備の練習をしているのに評価されないなんておかしい」と嘆いても仕方ないのです。監督が求めていないのだから当然です。

ビジネスの世界でも「簿記を取れば評価される」「数字に強くなれば出世できる」と考えて努力しても、会社が「SNSを強化したい」「SNSに強い人がほしい」と思っていれば評価につながりません。

努力の方向性が食い違っていると、いくら頑張っても報われないのです。

それを防ぐにはどうすればいいのか。

そうです。上司に「どうしたら昇格できますか?」と聞けばいいのです。そこで得られた情報をもとに正しく努力すれば、自ずと結果に結びつきやすくなります。

もちろん答えてくれない上司もいると思いますが、ある程度は方向性を合わせないとギャップが生まれてしまいます。お互いに不幸になってしまう恐れがあるのです。

僕自身、そのようにして昇格してきました。ただ、最初からうまくいっていたわけではありません。サイバーエージェントに入社したばかりの頃は、それこそ寝ないで頑張っていたのですが、当時の上司は「頑張るんじゃなくて仕組み化しろ。自動化しろ」と言っていました。それを聞いて「こっちは寝ないで働いているのに！」と腹が立ったのですが、上司の期待に応えることができずに結果を残せませんでした。

その後、異動した子会社では、失敗から学んで上司の期待を確認するようにしました。「僕に求められていることは何ですか？」と聞いたのです。「売上をこれだけつくることです」と言われたので、売上を上げることに全力を尽くし、1年で子会社の取締役になりました。

大切なのは、上司の期待に応えるべく、頑張るベクトルをしっかりと合わせることです。

職務経歴書を書く、自分で名刺をつくる

キャリアアップの近道は、今いる会社で出世することであり、それが最もコストパフォーマンスの高い方法です。また、パワーが分散しないのでおすすめです。

ただ、同じ組織に長時間いると、自分に何ができるかがわからなくなりがちです。

野球の場合であれば、同じチームにいることでいろいろなポジションを任されたり、グラウンド以外でもデータ活用や盛り上げ役をしたりなど、できることは増えていきます。

一方で馴染みすぎてしまった結果、チームという看板を外したときに、自分に何ができるのかわからなくなってしまうことが多いのです。

そこで、職務経歴書を書いてみましょう。職務経歴書では、自分がやってきたことを書きます。野球であれば、「ピッチャーをやりました」「バッターがやりました」「裏方も経験しました」「盛り上げ役もやりました」などと1つずつ記述することで、チームという看板を外したとしてもどのような価値を提供できるのかがわかります。

特にビジネスの世界では、数字で示すことが求められます。裏方であれば「どれだけコストが削減されたか」や、盛り上げ役なら「どれだけ業績に貢献できたか」などを具体的に示す必要があるのです。

最初のうちは数字で示せなくてもかまいません。まずは自分がやってきたことを1つずつ書き出していくことが大事です。

転職のタイミングではじめて書くのではなく、ポートフォリオとしてもっておくようにしましょう。具体的には「Wantedly」や「ユートラスト」などに書いておくと、キャリアが積み重なっていく感覚が味わえると思います。

かつての名刺のようなものですが、情報量が圧倒的に異なります。SNSなども検索されるため、そうしたところに自身の職歴を蓄積させていきましょう。

野球の場合は、どの学校のどの監督のもとで指導を受けていたのかが評価につながることも多いのですが、ビジネスの場合は、むしろ「何ができるのか」が大事です。

その手がかりを相手に提供するという意味でも、会社という看板を外したときでもきちんとアピールできるよう、自分のキャリアをまとめておきましょう。

職務経歴書を書くことは、そのためのよい練習になります。

自己紹介を磨く＝新規の出会いに投資する

１つの組織に長くいると、自己紹介の機会が減ります。自己紹介をしないと、自分が何屋さんでどんなことができるのかを、相手に説明できなくなってしまいます。

特にビジネスの世界では、自分の実績やどんな付加価値を提供できるのかを言葉で表現しなければなりません。「野球をやっていました」というのはウケがいいものの、評価にはつながらないのです。

僕も野球をやっていたので、「甲子園に出ました」と言うと、先方から「へえ」というリアクションは得られます。そこから野球の話ができるのですが、ビジネスの評価とは関係ありません。

相手に対し、付加価値を提供できるというアピールにはならないのです。

逆の立場で考えてみるとわかりやすいと思います。ビジネスの世界で「甲子園に出た」ことは、直接的な付加価値にはなりません。

そういった自己紹介をさせたとして野球の話をしても、ビジネスにはつながらないことに早く気づくことが大切です。

これは元プロ野球選手においても同様です。

ときどき元プロ野球選手を紹介されることがあるのですが、野球の話をしたり飲み会に誘われたりしただけで終わってしまうケースが多いです。しかし、それではビジネスになりません。

やはりビジネスの世界で実力をつけるには、ちゃんとビジネスで活用できるプロフィールをつくる必要があります。それこそ自分ができることをアピールし、それを評価してもらえるように自己紹介を組み立てていくことが求められるのです。

そうすることで、自分の強みをビジネスにつなげられます。

野球の場合は、ピッチングでもバッティングでも、周囲の人が見てくれたので評価されたかもしれません。しかしビジネスでは、見た目だけではわからないことが多いです。これまでのように観察されて、評価されるとは考えないようにしてください。

自分の言葉で伝えるために、ちゃんと準備をしておくこと。最初は苦労するかもしれませんが、自己紹介を磨いていけば、いつでもどこでも自分をアピールできるようになります。

副業の方法（経験資産を積み上げる）

副業においては「経験資産を積む」のがポイントです。

転職では「年収が上がるかどうか」を見ると思いますが、キャリア形成において大事なのは年収ではなく、「自分の価値をどう高めるか」ということです。

少なくとも、収入と価値の向上はイコールではないという点を押さえておいてください。

たとえば、人手が足りない会社に就職すれば年収は上がりやすいのですが、新たな経験ができなければスキルも身につかず、すぐにコモディティー化してしまいます。

それでは自分の価値が高まりません。

不動産営業がわかりやすいのですが、成果報酬によって収入が多い人もいるものの、住宅の数は限られており、今後は稼げる人と稼げない人が二極化する可能性が高いです。

もちろん経験を積むことで営業のスキルや顧客対応能力、さらには不動産の知識を養うことはできますが、それが将来の経験資産になるかどうかはチェックしておいたほうがよいでしょう。

次の仕事にもいかせる経験資産なら問題ありません。自分の価値を高めるキャリアアップにつながるような経験資産を蓄積させていくことが大切です。

中長期で蓄積されていくもの、つまり自分のBS（バランスシート）の純資産にあたるものが、経験資産です。経験資産が得られるのなら、お金を出してでも買ったほうがよいでしょう。得難い経験は積極的にしていくべきです。

特に若いうちは、年収を落としてでもチャレンジすることが大切です。チャレンジ経験によってコモディティー化することなく、競争率が高いところでも戦っていけるようになります。PL（損益計算書）、つまり年収を上げることが絶対にダメというわけではなく、優先すべきは経験資産であるということを念頭においておきましょう。

経験資産を蓄積する方法はさまざまです。

転職の1つの方法ですが、勉強会に参加したり資格を取得したり本を読んだりなど、お金を出すことで得られるケースも多いです。

特に同業種で働き続けている人は、実力を発揮しやすい分、差別化が難しくなります。そのとき差がつくのは経験資産の有無です。

スキルを切り売りするのではなく、ちゃんと積み上げていくことで自らの価値を高めていきましょう。

副業の方法（動作を一定にして、顧客を変える）

営業をしている人の場合、自分が扱っている商品を変えることで、ターゲット顧客も変わります。同じ動作でも相手を変えることによってスキルをいかし、チャンスを広げることが可能です。

副業においては、そのような発想で仕事の幅を広げることが大切です。

一方で、収入だけでなくスキルの習得という観点からは、あえて違うことにチャレンジしてみるのもよいでしょう。

たとえば、本業では営業をしているけれど、あえてＷｅｂマーケティングや動画制作などの仕事をしてみることで、新たなスキルが身につきます。

営業以外のスキルを掛け算することで、「営業×Ｗｅｂマーケティング」「営業×動画制作」など、これまで以上に仕事の幅を広げることができるでしょう。

掛け算のスキルは差別化にもつながるため、キャリア形成においては非常に重要です。

野球のピッチャーでも、球種を増やしたり野手もできるようにしたりなど、スキルを身につけることで活躍の幅を広げることができます。

普通は「そんなことできない」と考えがちですが、だからこそチャレンジすることが大切です。

プロ野球選手になった人でも、活躍している人ほどチャレンジしています。

僕の友人も、キャッチャーとしてプロ野球選手になったのですが、上には上がいてなかなか活躍できませんでした。そこで、得意のバッティングをいかすべくファーストにコンバートし、人生ではじめて死ぬほどノックを受けたそうです。

あるいは、ピッチャーとして活躍していた人でも、一軍で投げさせてもらえないのであれば、俊足をいかして野手に転向するなどのチャレンジが可能でしょう。盗塁を死ぬほど頑張ることによって、今度は野手として活躍できるかもしれません。

そのように、新しいスキルを習得しつつ、組み合わせることで活路を見出している人がたくさんいます。野球という動作は一緒でも、活躍する場面を変えることによって、新しい道がひらけてくるのです。

特にビジネスの場合は、「同じ動作でも顧客を変える」などの工夫をしてみましょう。副業によって新しいキャリアが見えてくるかもしれません。

キャリアマーケティング

野球もビジネスもそうですが、キャリアは自分で積極的につくっていく必要があります。いわゆる「キャリアマーケティング」の発想です。

たとえば、強豪校に進学すれば甲子園には出場できるかもしれませんが、試合に出られるかどうかはわかりません。優秀な選手が集まる可能性が高いからです。

僕は中学野球で日本一を経験したこともあり、強豪校からの誘いもたくさんありました。すでに受験することを決めていたので誘いには乗りませんでしたが、友人たちはみな、強豪校に行っています。

しかし、強豪校に行って甲子園に出られても、必ずしも試合に出られるわけではありません。同じポジションで自分よりうまい人がいれば、レギュラーにはなれません。

ポジションが決まっている競技においては、まずチーム内での競争に勝たなければならず、そこにキャリア形成に難しさがあるのです。

一方でビジネスは、自分で事業をつくることができます。

組織においても柔軟に変えることができ、社長が2人いる会社もあれば、取締役の数を増やすこともできます。子会社をつくってそこの社長になることも可能でしょう。

「出世競争」とは言いつつも、新たに枠をつくることができるので、自分でキャリアをつくっていこうと思えばいくらでも選択肢があるのです。

野球と同じで、政治の世界でも席は限られています。要は席の奪い合いなので、相手を貶《おとし》めたり足を引っ張り合ったりすることもあるでしょう。病院や学校などの公的機関においても、トップは１人と決められているケースがほとんどです。

しかし民間企業には、基本的に制約がありません。ビジネスではポジションが無限に広がっています。

チャンスはいくらでもあるのですが、では、どのようにしてキャリアマーケティングをしていけばいいのでしょうか？

重要なのは「活躍機会」です。

野球の場合、打席に立つ回数が少ないとチャンスも少なくなります。レギュラーになれないのであれば、望むようなキャリアは得られません。

ビジネスも同じように考えてみてください。自分が活躍できる機会があるかどうかを軸に、就職先や転職先を検討してみるのです。

自由度が高く、挑戦しやすいという意味では、やはりベンチャー企業がよいでしょう。新規事業を立ち上げたり子会社の社長に就任したりして、結果を残すチャンスがあります。

特に業績が２倍、３倍と拡大している企業は、大きな意思決定に携われる可能性があります。

1000億円の企業に入って1010億円を目指すより、1億円の企業を10億円に伸ばすほうが、スキルアップに貢献することでしょう。

そしてその経験が、将来のキャリアにつながっていくのです。ぜひキャリアマーケティングの発想をもち、戦略的に機会を得るようにしましょう。

コラム：甲子園出場を目指す人、日本一を目指す人（目標が行動を決める）――

甲子園出場を目指すか、日本一を目指すか、あるいは県大会の初戦突破を目指すかによって、練習メニューや練習量は変わります。

ただ、本気で日本一を目指して野球をしていた人が必ずしもプロ野球選手になれるわけではなく、むしろ好きで野球をやっていた人がプロになって活躍するケースも少なくありません。

そこには、身体活動を伴う競技としての残酷さがあります。

一方でビジネスは、身体的な制約がほとんどありません。

むしろ携わるビジネスの市場規模やマーケットのサイズによって制約があるため、どの領域でナンバーワンを目指すのかが非常に重要です。

もちろん特定のマーケットでも、売上ナンバーワンを目指すのか、利用者数ナンバーワンを目指すのか、地域でナンバーワンを目指すのかによって変わってきます。

大切なのは、どこに目標を置くのかによって、キャリアのつくり方も変わってくるということです。

キャリアのつくり方に正解はありませんが、自分がどこを目指していくのかをきちんと自覚することが、後のキャリア形成に大きく影響することは間違いありません。

地域ナンバーワンを目指すのか、日本一を目指すのか、あるいは世界一を目指すのかによって、その日の取り組み方は大きく変わります。

たとえば「英語を勉強しなさい」と人からアドバイスされても、海外で働くことを考えていなければピンとこないはずです。反対に、将来は世界で活躍したいと考えている人なら、英語を習得することはごく自然なことととらえられるでしょう。

経営者を目指すのか、それともプレイヤーとして活躍したいのかによって、経験すべきことや学ぶべき事柄も変わってきます。経営者になりたいのなら、活躍している経営者からアドバイスを受けることが必要です。

プロ野球選手を目指している人は、プロ野球選手のプレーだけでなく、練習メニューや食事などを研究してきたはずです。メジャーリーガーを目指している人も、メジャーリーガーのことを研究しています。

ただ指をくわえて眺めているだけではたどり着けません。幸いビジネスの世界では公開されている情報が多くあります。本気で上を目指す人にとって、この上ない環境がそろっています。

戦略的にキャリアをつくるには、ボトムアップではなく、トップダウン的に逆算することです。

期待を知れ、丁寧に満たせ、大胆に超えろ

先日、僕の会社で評価査定がありました。とある幹部メンバーから「僕は福山さんの見えないところを頑張っていました」という自己評価をいただきました。

僕はそのメンバーに高い評価は与えられませんでした。理由は、僕が（経営陣が）求めている点についてのアウトプットが皆無で、そのメンバーじゃなくてもできることに時間を使っていたからです。要は期待がずれていたということでした。

これは社内のコミュニケーションだけの話ではありません。

上司だけでなく、お客さまからの期待も同様、「超える」ことよりも「知る」ことのほうが重要です。仕事の内容自体や本質的な部分を知ることで、ムダな努力を防げます。

「期待を知れ、丁寧に満たせ、大胆に超えろ」という言葉は、順番がとても重要です。

当時、商品に自信があった僕は、お客さまが困っていることやニーズも聞かずに〝ドヤ顔〟で自社商品を提案していました。ですが、この言葉を上司に教えてもらってから、まずこちらに何を期待しているのかを聞くようにしました。

その頃、商談がなかなかまとまらなかった取引先には1か月間毎週通い、いろいろヒアリングしました。

だんだん話す内容が変わっていたのですが、こちらへの期待の本質的な部分が見えてきたのです。

ヒアリングのおかげで、現状の自社商品では対応できない壁がわかり、そのお客さま向けに商品をつくり直すことに。結果、商談がまとまり、成果につながりました。

仕事は、「クオリティー」と「期日」が重要です。ただし、「クオリティー」には自分軸と相手軸があります。自分軸でOKだったとしても、相手軸に合わせて相手がこれを「納品物」と認めないと、成果となりません。

迷わず事前確認をしましょう。

社会人としての「優秀さ」とは

学校教育で優秀とされるのは、テストでいい点数を取り、通知表の評価がいい人です。これを満たすには、次のような能力が必要になるでしょう。

①与えられた問題を間違いなく解く
②簡単な問題から順番に解く
③あらかじめ用意された「正解」を目指す

しかし、ひとたび社会に出ると、問題も正解も用意されておらず、解き方を教えてくれる人もいません。自分で課題を見つけて目標を設定し、キャリアを積んでいくことが求められていく次のような能力が必要になります。

①　自ら問題を見つける

② 難しい問題から着手する

③ 「正解はない」という前提で物事にあたる

つまり、学校教育で必要な能力と社会で必要な能力は、ベクトルが正反対なのです。

学校教育では、正解は基本的に1つです。それ以外の回答をすれば点数を取れないので、学校で優秀な成績だった人ほど失敗を恐れるようになります。失敗を過剰に恐れる人は、このような学生時代の常識を引きずっているのだと思います。

でも、あなたはもう社会人。学生時代とは正反対の常識の中で、生きていかなければなりません。勇気をもって最初の一歩を踏み出し、「失敗」を恐れない勇気と「成功」に向かって歩み続けるしぶとさが必要です。

プロトタイプの段階での失敗は、むしろ勲章。失敗できるのは、自ら課題を見つけ、解決しようと行動をおこした証拠だからです。

どんな失敗をしたとしても、そこから学び、次の行動につなげていきましょう。あきらめの悪い人は、しぶとい人です。そして、しぶとさは社会的優秀さそのものなのです

あきらめなければ、失敗も成功へのプロセスです。学校で求められる能力と社会でも求められる能力は真逆です。あきらめの悪さとはしぶとさであり、しぶとさは社会的な優秀さと言えるのです。

心の底からやりたい仕事を見つけたとき、チャンスをつかみ、やり切れる自分であるために、成長し続けるようにしましょう。

夏休みの宿題理論

夏休みの宿題として「将来の夢について」の作文を課されたAさんとBさんがいました。

Aさんは、7月20日にもらった宿題を忘れて夏休みを思い切り満喫しました。旅行に行って、キャンプに行って、映画見て、買い物行って、8月の4週目にようやく宿題に着手し、最後ギリギリで提出しました。

Bさんは、7月20日にもらった宿題に対し、一度真剣に考えました。自分の将来の夢について紙に書き出してみました。でも、なかなか筆が進みませんでした。あきらめて思い切り遊ぶことにしました。Aさんと同じく旅行に行って、キャンプに行って、映画見て、買い物行きました。8月の4週目に改めて宿題に着手し、最後ギリギリで提出しました。

では、どちらのアプトプットのほうが質は高くなるでしょうか?

この話をセミナーでアンケートを取ると、大抵「Bさん」という回答が多くなります。無論、答えはBさんです。理由はAさんに比べて着手が早かったため、入ってくる情報量が変わり、早く失敗ができたからです。

「ゴールから逆算しなさい」と、言われたことのある人は多いと思います。積み上げ式ではいつまでたってもゴールにたどり着けないのは、みなさん一度は経験したことがあるのではないでしょうか。

ゴールが見えないまま、ゴールが抽象的すぎてぼんやりしているときに、きっちり逆算することはできません。そんなときは、着手を早めることをゴールにすることをおすすめします。実際に手をつけてみてから、ゴールまでの距離を正しく図る方法です。

この理論を仕事に応用すると、仕事の作業スピードアップを図るのではなく、「着手を早めること」が大切だということに気づきます。着手時にすぐに完成しなくてもいい。完成は締め切りギリギリでもいい。着手から完成までのプロセスを最大限活用するために、とにかく着手を早くするのです。

そうすると、必然的に成功確率は高まります。

調整ではなく挑戦

「甲子園ベスト8」。これは僕にとって人生で3本の指に入るほどの挫折経験です。

当時、高校2年生だった僕は、甲子園出場が決まってから「調整する」ことに一生懸命でした。背番号10番、2番手のピッチャーとしてです。

トーナメント戦で勝ち負けが決まる高校野球なので、二番手のピッチャーはいつ、どんな場面で出番がくるかわかりません。だからこそ、いつでも同じパフォーマンスを発揮できるよう調整を続けていました。

そして、3年生が引退した時、僕はベンチ入りメンバーから外れました。甲子園出場から半年後のことです。エースになったのは、中学時代から同じチームでプレーをしていた同級生でした。

彼とは、中学時代から実力の差を感じていました。スピード、コントロール、スタミナ。すべて僕のほうが上回っていたのにもかかわらず、なぜ彼がエースになれたのか。

理由は、僕が必死に「調整」していたとき、彼は自らの限界に「挑戦」していたからです。投げ込み、走り込み、ウエイトトレーニング。身体はどんどん大きくなりました。そして、新チームでエースとなった彼は、並み居る神奈川県の強豪校をなぎ倒し、プロ注目のピッチャーへと進化していったのです。

最後の夏が終わった日、大学でもプレーを続けるか悩んだ末、僕は自らの選手生命を断ち切りました。野球でプロになる道をあきらめた瞬間です。同時に、人生をリスタートさせました。

両親が離婚。母子家庭になり、学費を借金。広い家から狭いアパートへ引越し、自らもアルバイトをしながらでないと学校生活が成立しない財政状況でした。

兄は大学を辞めて働きに出ました。朝晩の新聞配達で僕の学費を捻出してくれました。母親は３つパートを掛け持ちし、文字どおり朝から晩まで働いてくれました。

野球で戦っていく道をあきらめ、これからどう生きていくべきなのかも定まってもいない僕に、大学進学の環境を用意してくれたのです。

その家族に、僕はどう報いるべきなのか。真剣に考えた結果、「どんな環境でも成果を出せる人材になる」と決意しました。そしてその方法論を後世に残し、同じような壁にぶちあたった人に対して、勇気を与えられるような存在になろうと思ったのです。

「調整」ではなく「挑戦」し続けることで。

目先の勝負にとらわれず、成長することへ自分の時間を投資する。会うたびに進化しているような人材になる。20代最後に動画で宣言したのは、「1万円札になる」ということでした。その目標を語ると、多くの人にバカにされます。それでも宣言しないとなれないことを知っているから、宣言する。それ自体挑戦だからです。

1万円札になるためには、歴史を超えて、社会全体に対して大きなインパクトを与える必要があります。具体的には「学問をつくる」ことです。その領域まで自分自身を高め、人類に貢献したい。本書もまた、そのような僕の理念を体現するための、1つの作品です。

転職で年収を下げる

転職には2パターンあります。年収を上げる転職と、年収を下げる転職です。

おすすめは年収を下げる転職です。

転職時の報酬決定のロジックはさまざまです。一昔前、インターネットでの転職情報が出回っていない時代はごまかせましたが、この時代、非上場企業でさえ給与情報を隠すことはできません。

労働人口減少による人出不足が待ったなしの状況において、よい人材の獲得をするために企業も必死です。多少、下駄を履かせてでも採用したいというのが本音でしょう。あくまでよい人材の場合です。

「転職時に給料が上がる」というのは、企業側からすると、その人の労働力（過去の経験・能力を含めた）を購入するという意思決定にほかなりません。つまり、金額はほぼイコール期待値になるのです。

一方、本書を読んでいるあなたのキャリアの観点からはどうでしょうか。他社に販売できる自分のスキルを有しているでしょうか。もし、その自信がなかったり、今の会社だから通用しているけど他社で自分が通用するか不安だったりするならば、転職時、年収を下げることを厭《いと》わないほうがよいでしょう。

「転職時、年収を下げる」というのは、「経験資産を購入する」という意思決定にほかなりません。仮にあなたの給与が５００万円だった場合、新しい業種・業界にチャレンジする際に４００万円に下がるということは、１００万円分の経験資産を買わせていただけるという考え方ができます。無論、自分次第でその価値は１００万円以上にできるはずです。

年収が下がらないにせよ、自分の希望の額にならない場合も同様です。自分自身の経験資産として、確実なものが手に入れられるイメージがわいたら、その差額を買っていると認識して相違ないでしょう。

逆に年収を下げても、希望額とのギャップがあっても、そこでの経験資産が未来につながるイメージがわかなければ、無理して勤める必要はありません。これは自分でビジネスを立ち上げるときや、副業などで仕事を受ける際の値付けも同じ理屈です。

「仕事の報酬は仕事だ」という言葉があります。これは一見ブラック企業風なメッセージにもとらえられますが、前記の文脈で考えると不自然な話ではありません。自分のもっている経験資産の総量を大きくしていくことで、後からマネタイズ（収益化）はいくらでもできます。富裕層が子どもの教育資金に多額の投資をするのも同じ理屈です。経験のほかに人的資本（人脈）を獲得するという発想もあるでしょう。

経験に投資をする、それもなるべく若いうちに。自分の価値を高めたいのであれば、経験資産に投資するべきです。経験資産を切り崩し続けると、キャリアは先細りしてしまいます。新しいことに挑戦しないスタンスは、自分の武器を陳腐化させるのです。

僕自身、過去数回、年収を下げたキャリアチェンジをしたことがあります。1000万円から480万円、そして2000万円から600万円にです。子ども3人養う立場としては正直厳しかったのですが、いずれもその翌年に億を超える年収になっています。極端な例かも知れませんが、その他大勢の人がやらない選択をすることは、差別化につながります。

ビジネスの世界ではAIの活用が日々進んでいます。人と異なる発想・経験資産は希少価値が高いです。本書を読んでいるあなたは、多くの同級生が進学・就職を選択した中で、異なる選択をしたことがあると思います。

これまでの選択に自信をもっているのであれば、ぜひこの先の人生でも、思い切った決断を続けていただきたいです。

恥ずかしくなければ成長していない

「昔の自分、よいこと言っている」「昔から自分は言うことが変わっていない」

そのような発想は危険です。価値観が進化していないことを意味するからです。

「ブレない姿勢」という意味ではそうかもしれません。しかし、そのブレないスタンスで何か結果を出せたのでしょうか？　満足いく結果が出せているのであれば、そのままのスタンスを貫けばよいでしょう。ですが、生き方を変えずに大きな結果を得るのは不可能です。自分が望む結果から逆算したスケジュールを引いたときに、今のペース配分で足りているのかチェックしてください。

ペース配分とは、スピードのことです。スピードは目標の高さと期日設定で決まります（「目標設定『はじきの法則』」140ページ参照）。

ビジネスにおける価値観とは、このスピードとほぼイコールです。一定の期間で一定の高さに自分の立場や能力を近づけるには、相応の意思決定量が必要であり、その意思決定の軸はスピードに依存するからです。

「年始に立てた目標はほぼ達成した」という状況も悪くはないのですが、目標達成に意味はありません。低い目標を立てれば誰でもクリアできるからです。むしろ早期に達成してしまった場合、目標設定が適切でなかった事実を認めなければなりません。自己認識を誤っているのです。

営業であれば、売上目標を120％達成したとしても、業界自体・自分の会社自体が120％成長していればそれは「現状維持」とイコールです。1年間かけて「自分の年齢を1歳高めました」と言う話と相違ありません。

よい意味で自分自身の過去を否定し、「まだまだもっと」と言い聞かせ、高める努力をしている状態が自己成長を続けるという意味です。成長を続ける人は、プロセスも結論も進化し続けている最中なのです。

言うことは変わって当然です。過去の自分を褒めて認めるのは、死んだ後でよいでしょう。どうしても褒め讃えて欲しければ、明確に自分のレベルより低いコミュニティーに参加することです。お金を払ってたくさん褒めてもらえるお店にでも行けばよいでしょう。

ビジネスにおいて自分を成長させ続けるためには、自分自身の立ち位置と乖離《かいり》する目標を立てる必要があります。そのギャップにしか成長余地がないのです。恥ずかしくない目標は、目標設定としてナンセンスです。

1年後の自己紹介をつくる

成果を出したい、それもできるだけ早く――。

そのためには、「なりたい自分像=ゴール」をイメージすることが大切です。それもできるだけ明確に描くことが求められます。

こんな成果を出していたいという「1年後の自分のプロフィール」をつくってみましょう。ふつうプロフィールとは〝今〟自己紹介するときのものですが、「1年後」に自己紹介する状況をイメージして考えてみるのです。

会社で言えば役職や肩書き、実績、給与／報酬額などがわかりやすいと思います。数字で表現するのが難しければ社内外に対して与えた影響などでも大丈夫です。

そうした成果を1年後に出しているために、やっておかなければならないことが、具体的に見えてきます。

アマゾン社では、新サービスの企画案は、企画書ではなくプレスリリースからつくられます。プレスリリースを書いてから、それを商品設計に落とし込んでいくのです。出すべき成果を書き出すことで、実際どうやればいいのかが考えやすくなり、現実にやることがわかって実現することができます。キャリアの判断軸が明確になるのです。

こうしておくと、たとえば本を買うときでも、1年後の自分のあるべき姿から逆算して今、必要かどうか判断ができます。「1年後」に特別な意味はありませんが、期間を区切ることで、より具体的なイメージをつけやすくはなります。

会社や業種によって変化に対するスピード感が異なるので、単位は人それぞれですが、自分が想像しやすく、頑張りやすい期間にすることがポイントです。

「こんな成果を出したい」「こんな自分になっていたい」というゴールから発想することは大事だとわかっても、なかなかイメージができないことがあるかもしれません。そんなときは、逆に「なりたくない像」を書き出しましょう。そこには未来を考えるためのヒントがあるからです。

人間は、マイナスのイメージのほうが言葉にしやすいという性質をもっています。よいものには特に理由がなくても、イヤなものには理由があるというわけです。

好きな人をなぜ好きか言語化できなくても、嫌いな人の理由は次々と浮かんできたりします。このように、ネガティブなことのほうが表現しやすいので、もしやりたいことがわからない、なりたい自分を具体的に想像できないのであれば「こうはなりたくない」「こういう人生はイヤだ」ということを自分なりに言語化しておきましょう。

1年後、今と同じ悩みをもち続けたくなければ、そこから抜け出すための方法を考えましょう。

自己実現ではなく相手の役に立つこと

「自己実現」はとても大事です。本当に自己実現したいのなら、とにかく人に貢献しまくりましょう。

ビジネスではホームランを打つ人よりも、顧客にホームランを打たせる人のほうが評価されます。要は、相手を勝たせる（儲けさせる）ことこそがビジネスの本質なのです。自己実現ファーストではなく、相手への貢献です。1番与えた人が1番儲かるのです。

元プロアスリートの方がビジネスでなかなか結果が出せない理由がここにあります。「自分が結果を出すこと（自身のパフォーマンスの最大化）＝顧客が喜ぶこと」と認識してしまっているのです。

しかし結果を出すのは顧客であって、自身が結果を出そうとするのはクライアントビジネスをやる以上無理でしょう。顧客にいかに結果を出させるか、そのための黒子になることがビジネスでは求められます。

顧客に結果を出させるために、自分だけが負けることは無論、評価されません。目先の結果のために値引きをして、その場をやり過ごすのは、お互いにとってよくないのです。それ自体広い視野で見ればＧＤＰを下げる行為だからです。

「顧客のよい結果＝自社のよい結果」になるような最大公約数を見つけ、そこに成果を集約させることです。レベニューシェアモデルの提案や、次回以降の継続発注をいただけるような提案がそれに該当します。

「トップ営業マン」というと、ゴリゴリしているイメージをもたれる方が多いかもしれませんが、実際はそうでもないのです。むしろ自分を全面に出す営業マンには信頼を預けづらいでしょう。

僕自身、あらゆる業界のトップ営業の方とお会いする機会があります。その度に驚かされるのが、多くの場合、地味な見た目だったりするのです。人によっては存在感が薄い人もいます。そして、じっと相手の話に耳を傾けるのです。

主役は自分ではなく、顧客であるということを背中が物語っています。たとえ性格的に目立ちたがり屋であっても、姿勢は一貫して「顧客目線」です。

「私はこの会社でトップになりたい」は、社内発信としてはＯＫです。

ただし、それは顧客からすると関係のない話です。顧客にとって自分が信頼のおける存在になれているか、メリットのある存在になれているか、その問いに応えられるようにしましょう。

相手を勝たせた回数が多い人、相手を大きく勝たせた人が、結果的に一番人から愛されるのです。

ローリスク・ミドルリターンを量産する

結果を出すためには、一定のリスクを取る覚悟が必要です。リスクを取ることなく、安全圏で努力しているだけでは、リターンを得られません。つまり、結果につながらないのです

一方で、闇雲にリスクを取ればいいわけではありません。できるだけリスクを下げ、リターンを高めていくことも必要です。リスクは取るべきですが、リスクを低減していく努力も同時に求められます。

狙うべきなのは「ローリスク・ミドルリターン」です。

ハイリスク・ハイリターンを狙う人も多いのですが、そのようなものは滅多にありません。世の中にあふれる成功事例の多くは美談であり、心をくすぐりますが、実現できるのはごくわずかな人だけです。

大抵の人は、ハイリターンを得られるだけのリスクを取ることができません。もちろん、挑戦すること自体を否定するわけではありませんが、ハイリスクに尻込みしてしまうのが普通です。

だからこそ、リスクを抑える努力が必要です。そしてリスクを抑えつつ、より多くのリターンが

得られるように工夫しましょう。

たとえば、あなたがたくさんのお金を稼ぎたいと考えていたとしましょう。そのために、独立・起業して成功すれば、お金を得られる可能性があります。

しかし、何も考えずに起業して失敗すれば、多額の借金を背負うことになりかねません。そうならないよう、事前に副業からはじめてみるのがベストです。副業であれば、失敗しても大きな痛手とはなりません。たとえお金が得られなかったとしても、経験として蓄積されます。また、別の仕事を通じて学びも得られるでしょう。

また、起業のリスクを減らすという意味では、独立する前から人脈をつくっておくという方法もあります。社員時代から起業に向けて動いておけば、それがすなわちリスクヘッジになるのです。

大きな成果をあげている経営者というのは、新規事業を小さく試してみたり、主業に加えてほかの事業も横展開させたりしているものです。そのようにしてリスクを抑えているのです。そうした工夫を参考にしましょう。

リスクは取るべきですが、同時に、そのリスクを抑える努力もする。ハイリスク・ハイリターンではなく、ローリスク・ミドルリターンを実現していきましょう。

規格外のパラメータをもつ

年収１０００万円稼ぐためには、平均値を上回ることが求められます。そして、年収1億円稼ぐためには、異端である必要があるのです。

そのためには強烈なパラメータをもちましょう。

令和２年の国税局の統計によると、年収1億円以上の人口は２万３５５０人、労働人口の０・０３％程度です。現在働いている1万人の中で３人という割合です。

少なくとも、自分の周りが年収1億円の人が多くない限り、周りと同じような意思決定をし続けても遠ざかるだけです。専門性に価値が残ります。平均的なものは機械で代替しやすいのです。

先日、渋谷のファミレスに行くと、ロボットが配膳をしてくれました。ホワイトワーカーといわれたオフィスで働く人も他人事ではありません。会議の議事録なども、ＡＩで代替できる時代がやってきました。むしろ機械のほうがミスも少なく、メンタルケアの必要がない分、マネジメントコストが安くすむと考えられます。

だからこそ、人に依頼する仕事は、専門性が求められます。

僕自身は、営業の専門家だと自負しています。月の商談数は独立前から１００件を超え続けています。経営の仕事をするようになってからは１００件を下回る月もありますが、年間１０００件程度と仮定すると、累計1万件弱の商談をこなしたことになります。

その間、扱う商品には変化がありました。BtoB/BtoC、高額商品・少額商品、それぞれ受注・販売の実績を積み上げてきました。結果を残すだけでなく、本書のように出版もし続けてきました。本作品が20冊目です。

数が多いか少ないかはわかりません。ただ1つ言えることは、僕自身、一生懸命頑張っているという感覚はないのです。ただ楽しいから続けているだけです。単純に営業にハマっているのです。好きなことであれば、どれだけ時間を費やしても苦になりません。本人からすれば、努力しているつもりはないのに、他人よりも何倍も頑張れる。それが理想です。

事実、動画であれば、ユーチューバーとして何億も稼ぐ人がいます。ゲームであれば、プロゲーマーとして同じように世界中で活躍している人もいます。

特定の物事にとことんハマること。それが、現代における成功法則の基本原理です。ハマることによって、誰よりも詳しくなれます。詳しくなればなるほど、知識と経験で差別化できます。そのことが、類まれな成果につながるのです。

子どもの頃、「ゲームばっかりしないの！」「動画見るより勉強しなさい！」などと、両親から注意されたことがある人も多いでしょう。しかし現実は、何かにより深くハマっている人ほど、突き抜けています。

黙って出世する

あなたは出世したいと本気で考えているでしょうか。「自分なんて」「別に出世しなくてもいい」と思ってはいないでしょうか。

出世、副業、転職、起業、年金問題……。我々は、昭和の諸先輩方と比べ考えなければならないことが多く、悩むことも多いかもしれません。ただ、悩んでしまい手が止まってしまうくらいなら、迷わず出世を目指しましょう。

おもしろい仕事は組織の上層部に集まっています。より高いレベルの仕事によって、あなたの可能性はもっと引き出されることでしょう。偉くなると、仕事は勝手におもしろくなります。これはどの組織でも変わらないルールです。

出世、副業、転職、起業、それぞれで成功するためには、必ず誰かの期待に応える必要があります。その意味で、少なくとも今の会社、今のポジションで評価されていないと、どこで何をしても成功はしません。「今の環境では難しい」と言い訳してしまうくらいなら、さっさと転職してしまいましょう。

野球のルールを知らずに、プロを目指す人はいませんが、ビジネスのルールを知らずに上のレベルに進もうと（出世しようと）する人は多いです。資本主義のルールを知らずに、お金持ちになろうとする人も一定数います。

勉強熱心なあなたにとって、これはチャンスです。この手の話は、基本的に会社内部の人は教えたがりません。利害関係があるからです。だから、本書ではフラットな立場で伝えたいと思います。

そもそもビジネスが嫌いで、資本主義が肌に合わないのなら、「株式会社」に入社しなくたっていいのです。いろいろな組織があり、いろんな生き方があります。それを調べられる時代に、見つけられていない自分に落ち度があります。決断力とかそういう次元ではありません。調査に時間を割《さ》いてない自分の責任です。

「会社のせい」と言うのは簡単です。それが具体的に誰の責任で、どうなったら解決するのか、知る努力はしているでしょうか。自分なりの仮説はあるのでしょうか。変えるアクションを今日したのか。

改めて、今の自身が抱えるモヤモヤは本当に会社のせいなのかを考え直してみてください。あらゆるモヤモヤやイライラすることは、自分がさっさとえらくなって解決すればいいのです。

自分が偉くなるのに時間がかかるなら、偉い人を巻き込めばいい。できない理由があるなら可視化すればいい。もし、あなたの部下がウジウジしていたら、前述の言葉を浴びせてください。

出世をすれば発言力は高まります。組織とはそういう構造で成り立っているのです。

キャリアに悩み、それでも答えが出せないでいるのであれば、とりあえず出世を目指してみましょう。転職するにせよ、独立するにせよ、出世しておいたほうが得は多いのです。

「損切り」が人生を加速させる

ムダな作業をすればするほど、あなたの仕事は遅くなります。損切りは自らの成長に欠かせないスキルですが、仕事の高速化にも役立ちます。

ときどき、「損切りするのが怖くて……」という人がいます。気持ちはわかります。損切りすることによって何かを失う気がするからです。

しかし損切りは、慣れてしまえば誰にでもできます。損切りが上手な人は、それを自らの能力にしています。損切りはスキルなのです。

スキルだからこそ、上手な人とそうでない人がいます。両者を分けるポイントは、より大きなサンクコスト（埋没費用）を許容できるかどうかにあります。

たとえば、「1時間やって何の成果も生み出せなかった」というのは、たしかに時間の無駄遣いではありますが、失ったものはそれほど多くないでしょう。しかし、「1か月かけて成果ゼロ」だと、失うものは大きいです。

これを人間関係にあてはめるとどうなるのか。具体的には「10年以上の付き合いがある人間関係をサンクコストとしてとらえられるか」ということになるでしょう。

10年以上にわたる人間関係は、それだけの期間と労力を投資していることもあり、容易には切りがたい。しかし、それをサンクコストとしてとらえて切り、新たな関係性を築く努力ができるかどうか。そこに、損切りのスキルがあります。

別の視点で考えると、「定年まであと10年」をどうとらえるかというのも大事です。定年までの残り10年を我慢するか、思い切って損切りして転職するのかは、難しい判断でしょう。

しかし、そこで思い切ることができなければ、自分が本当にやりたい仕事に就くことはできません。何かを実現したいのなら、自分から行動する必要があります。そのためには、サンクコストを切る勇気が欠かせません。

もちろん、判断の軸となるのはお金だけではないでしょう。自由な働き方かもしれないし、やりがいかもしれないし、あるいは家族との時間ということもあります。何を優先したいかによって決断は異なります。

いずれにしても、捨てる決断ができない人は、自分を変えられません。より人生を加速させたいのなら、損切りのスキルを高めましょう。

上司を握る

評価には「自己評価」と「他者評価」の2つの軸があります。

大前提として、仕事のアウトプットは他人から「評価」されてはじめて「成果」としてみなされます。すべての仕事は他人からの評価によって価値が決まるのです。

自己評価のみでは、仕事の価値は決まりません。「頑張ったのに報われない」という状態は、他人からの評価の視点が抜けている可能性があります。

「別に他人の評価のためにやっているわけではない」という意識は問題ありません。ただし、他人からの評価で物事の多くは決まってしまうことを忘れてはなりません。

あなたのこれまでのキャリア（学歴含む）は、すべて自己評価で決まりましたか？

そんなことはないでしょう。すべて自分以外の誰かの評価が含まれています。これからのキャリアもそうです。

勝ち負けがはっきりしてするスポーツなどの場合、「1位、2位」に対する評価はわかりやすいでしょう。ビジネスだと営業職なども同様です。売上の数字などは結果としてわかりやすいです。しかし、結果は関係なく評価される人があなたの周りにもいるのではないでしょうか。よい結果の出やすいポジションに配置される同僚がいるのではないでしょうか。贔屓《ひいき》とも取れるその状態は何なのでしょうか。

ここにすべての組織にあてはまる答えはありません。ただ他人からの評価を勝ち取るルールは存在します。

それは「何をしたら評価してくれるのか？」「どのような結果を出せば役職がつくのか？」など、条件上司に聞くことです。

あるいは、条件を提示したうえで、約束を取り付けてもいいでしょう。僕自身、上司から約束を取り付け、目標を達成し、実際に複数社で平社員から取締役へと昇進してきました。

若くして出世した人は、上司にこのような約束をしていることが多いです。いわゆる〝上司をにぎる〟ための行動を取っているのです。

「頑張っていればいつかはチャンスが来る」。それは事実でしょう。ただ、ルールを知らずに頑張るのと、ルールを理解して頑張るのとでは、スピード感が違います。

他人からの評価をコントロールすることはできませんが、評価の構造を理解することはできます。昇進のために必要な条件は、ググっても出てきません。だからこそ、自ら足を運んで確認する必要があります。

昇進したいなら、上司にその方法を聞いてみましょう。昇給したいのなら、給料を決める人と約束をするのです。それが、最短距離で昇進／昇給するための近道です。

無論、それがすべてではありません。ただ、偉くならないと通せない自分の意思も事実存在します。あなたの頑張りを無駄にしないためにも、ローカルルールの把握に努めましょう。

上司の価値観をインストールする

上司からよい評価を得ることは、結果を出すために欠かせない要因です。結果を出すためにはチャンス（機会）が必要であり、その意思決定は上司がするからです。

基本的に直属上司を抜きにして自らの昇進を実現することは難しく、その点、上司との関係性を構築することが出世の近道となります。

上司との関係性を構築するというのは、上司に媚びを売ることではなく、上司と視点（ベクトル）を合わせることです。上司には与えられた役割があります。仕事のやり方や経営陣との距離をふまえたうえで、どんな成果を目指しているのかを共有すれば、上司からの評価も得られやすくなります。

上司と視点を合わせるために必要なのが「定例ミーティング」です。上司がどのような課題をもっているのかを聞き、常に課題を共有していけば、利害が一致しやすくなります。つまり、自分のための行動が上司のためにもなるのです。

ある程度の成果を上げているのに昇進できない人は、上司と目線が合っていません。たとえ自分が正しいと思う行動を取っていても、それが上司の考え方と一致していなければ、評価には結びつきません。

現場の目線で「前職と比べて福利厚生が弱いと思う」と提言したとしても、財源に限りがある成長中のベンチャー企業は、全員に対して平均的な福利厚生をほどこすより、トップラインを引き上げるメンバーへの年収を上げたほうが全体を潤すことができます。

現場で実務をこなしていると、会社の全体像は見えづらいものです。視座の違いで見える課題の多さも異なります。

ただ、会社組織として運営されている以上、意思決定者の視点を共有することで無駄なストレスもなくなるでしょう。

会社の規模によっては、経営陣への直接的な提案が効果的な場合がある。役職を上げたいのであれば、まず直属上司からの評価を得られるよう努力することです。上司と視点を合わせて、会社の成長に貢献しましょう。

さらにその先を目指したいのであれば、経営陣に直接的な提案をすべきです。将来的に経営メンバーに入りたいと希望しているのならなおさらです。

会社の経営メンバーになるためには、現在の経営陣の頭の中にパッと浮かぶような人材にならなければなりません。決して優秀である必要はないのです。印象に残るように努めることが必要です。

そのためには、提案というかたちでアピールするのが効果的でしょう。

たとえば、会社の成長を促すために新しい部署の立ち上げを提案するのも1つの方法です。その部署を任せてもらい、結果を出すことができれば、経営メンバーに抜擢される可能性があります。

会社に属していなくとも、誰を押さえると自分の思いどおりにことが進むのかを見極めること。ビジネスの世界で生きていく以上、それは一生必要なスキルです。

「私はこう考えますが、合ってますか？」と聞く

上司に何らかの質問をするとき、何も考えずに「私は何をしたらいいですか？」と聞く人がいます。そのような聞き方はもったいないです。

「私は何をしたらいいですか？」という質問には、自分の考えが含まれていません。相手の回答に100％委ねることとなります。

仕事におけるコミュニケーションは、決断の連続です。誰かが最終的に決断をしなければなりません。その決断の質を高めていくことが、仕事上のコミュニケーションです。

そうだとすると、「私は何をしたらいいですか？」という質問には、自分自身の決断が含まれていないという問題があるとわかります。つまりこの質問者は、質問をする前に、自分の頭で考えていないのです。

たとえば、5人で編成されたチームがあったとしましょう。そのうちの1人はリーダーです。残りの4人がそろって「私は何をすればいいですか?」と聞いてしまったら、リーダーだけが5倍も頭を使うことになります。

1人の人間が5倍も頭を使っている状態は非効率です。何より、チームとしての生産性が上がりません。あらゆる仕事に頭脳労働が求められる今、5人中4人が思考停止では、チームとしてスケールしないのです。

何より問題なのは、似たような判断がくり返されてしまうことです。メンバーが頭を使わない以上、リーダーの考えのみが行動に直結するためです。

そこで、上司に質問する際には、質問するだけでなく自分の考えも伝えるようにしましょう。具体的には、「私はこう考えていますが、合っていますか?」というスタンスを取るのです。

この問いには、前提として自分の考えがあり、その考えについてのヒアリングをするという意向が含まれています。まさに能動的な質問です。

能動的な質問を習慣化すると、上司の負担を減らせるだけでなく、チーム全体としても決断の質が高まります。各人の思考が反映されるためです。さらに当人には、自分で考えて行動するスキルが身につきます。

質問は「私は何をしたらいいですか?」ではなく、「私はこう考えていますが、合っていますか?」に変えていきましょう。

すれ違ったときに雑談をするクセをつける

コミュニケーションは、日々のちょっとした積み重ねが大事です。

たとえば、あなたは廊下で誰かとすれ違ったとき、どのような挨拶をしているでしょうか。おそらく「こんにちは」「お疲れ様です」などと言い、会釈しているだけでしょう。

日本人はシャイなので、そのような声掛けと会釈だけの人が多いです。だからこそ、そこにチャンスがあります。

たとえば、声掛けと会釈に加えて、一言二言、何か話してみてはどうでしょうか。つまり、わずかな時間を利用して雑談をするのです。

実は、この雑談をできない人が多いのです。単純に話すことがないだけかもしれませんが、わずかな時間で雑談ができるようになると、相手に与える印象は大きく変わります。

逆の立場になって考えてみてください。いつも挨拶だけしかしない人と、話しかけてくれる人とでは、印象が違うのではないでしょうか。

取引先とのやり取りでも同様です。いきなり商談に入るより、ちょっとしたアイスブレイクを入れるだけで、場の雰囲気は大きく変わります。お互いにリラックスできるのです。

また、ちょっとした雑談することは、頭を働かせる練習にもなります。雑談というのは、あらかじめ質問事項やネタを用意しておかなければうまくいきません。普段から考えていなければ、アドリブにも限界があるでしょう。

特にビジネスシーンでの雑談は、「相手が何を求めているのか？」を探るきっかけとしたいところです。「いい天気ですね」から会話を広げていくのはいいですが、天気の話ばかりしていても相手が求めていることはつかめないでしょう。

そうではなく、「この前ブログ書いていましたね」「SNSでこんな発信をされていましたね」など、相手の活動を軸に話を展開してみてはどうでしょうか。それだけでも、相手が求めていることを想像する練習になります。

「ご出身どちらでしたっけ？」という質問も有効です。相手の出身地について知っているなら話がはずむし、知らなくてもその情報をインプットできます。そうすれば、次の雑談に活用できるでしょう。

雑談は、質問力と情報収集力を高めることにつながります。積極的に行いましょう。

小さな約束を仕掛ける

新しい関係構築を行う際には、「小さな約束」を設定することからはじめましょう。小さな約束をすると、必然的に、それを守らざるを得なくなるためです。

たとえば、「明日お会いしましょう」「何時にしますか？」「12時にカフェで」という約束をしたとします。その約束をきちんと守れば、１つの約束を果たしたことになります。それだけで、お互いの関係性は一歩前進です。

必ずしも、最初から大きな約束をする必要はありません。大きな約束をしても、守れなければ意味がないのです。むしろ、守れる範囲の小さな約束を積み重ねていきましょう。

約束を積み重ねることで関係性を構築していくには、それなりの数も必要です。

たとえば、60分の会話の中で、10個の質問と10個の回答を相互に行ってみる。それもまた、相手からの求めに対する応答となるでしょう。

そもそも約束というのは、相手の期待に応えることです。質問をして回答を得る、あるいは質問されて回答することもまた、１つの応答なのです。

セミナーや講演などに参加したときのことを思い出してみてください。終盤に質疑応答の時間が設けられていることは多いですが、そこでの応答で信頼が生まれることは少ないでしょう。なぜなら応答の数が限られているからです。

一方で、採用面接などは関係性の構築につながりやすいです。質問と回答の応酬が一定数行われるため、結果的に、応答の数が多くなるからです。

また、応答の数だけでなく、返答の中身も重要です。聞かれていることに対して明確な回答をしない人は、相手の印象が悪くなります。相手からすると、達成したことによるインセンティブが得られないのです。

コミュニケーションもまた、小さな約束の連続です。「質問と回答」に含まれる小さな約束を履行できない人は、対話の中で関係構築することが難しくなります。

約束を通じて、相手の達成意欲を満たしましょう。小さな約束が守れない人は、大きな約束も守れないと思われてしまいます。そして大きな約束は、信頼関係なしには生まれません

約束を守るコミュニケーションによって、信頼を勝ち取りましょう。

公私を混ぜてチャンスをつかみ取る

特定の領域で突き抜けたければ、公私混同を推奨します。

24時間、365日、寝ないで仕事をしろということではありません。限られた期間内で高い目標を達成するために、使える時間を最大限集中させたほうが合理的ということです。

スキルアップは必要です。スキルを身につけるための時間を、結果を出すための時間と分けることはナンセンスでしょう。

業務で求められていること以外のスキルを身につけたければ、職種を変えるか、所属する会社ごと変えた方が早いです。野球をやっているのに、サッカー選手を目指すのであれば、サッカー部に所属するほうが早いのと一緒です。

たとえば、現時点で営業職の場合に、簿記の資格を取りたいのであれば、経理部に転籍させてもらうか、転職して経理の仕事に就いたほうが早いでしょう。その場合、年収は落とすことを許容しなければなりません。

キャッチャーをやりながら、練習時間外でピッチャーを目指すより、ピッチャーになれる場所を求めるほうが早いということです。

目標達成までの時間軸を長めに見ている場合（たとえば10～20年後、老後など）、そこまで時間を切り詰める必要もないかもしれません。しかし、2～3年後までの目標であれば、スケジュールの解像度が高くなります。

年収が目標の場合、昇給・昇格のタイミングは限られています。年2回の昇給チャンスであれば、2年で4回です。そこに必要な結果目標から、行動目標を立てたときに、日々の積み重ねで達成できるか否か見極められるはずです。

自分の目標とする人が周りにいない場合、周りと同じような仕事量と質を追いかけていても目標にはたどり着きません。目標が明確に定まらない場合も、周囲から頭1つ抜けるためには、これまでと同じペースでよいわけがないのです。

とはいえ、休息は必要です。これも人それぞれの体力に依存する。必ずしも週休2日必要だとは思いません。食事量や睡眠時間なども人によって必要量は異なります。自分の目標への執着度が高いと、休息中の出来事も自然とつながってきます。

僕自身、息子とのやり取りで思うように行かないことも多いのですが、それ自体がマネジメント哲学を磨くことにつながっていると実感します。

サイバーエージェントのＡＢＥＭＡ事業も、社長の趣味の釣りでテレビ朝日の会長と意気投合してできたと言われています。業務以外での人間関係構築は、重要な人的資産です。

ただ、いつ本業に生きてくるかわかりません。ビジネスにおいて力のある人との出会いがあったときも、自分自身の力量や目標以上のチャンスはやってきません。

出会いがあったときにチャンスをつかみ取れるよう、自分に磨きをかけることに時間を使いましょう。

ビジネスアスリートの3原則（運動、栄養、休養）

体調管理の基本はアスリートと同様です。

トップアスリートは、専門家をつけることで運動、栄養、休養のバランスを整えています。日々のパフォーマンスが、自らの価値となり、報酬決定につながります。

ビジネスも同じです。活躍しているビジネスパーソンは、運動、栄養、休養のバランスを整えることで、類まれな成果を上げています。まさに〝ビジネスアスリート〟です。

これら3つのうち、現代人に不足しているのは「休養」です。定期的な運動をし、栄養価の高い食事をしている人は多いですが、休養が絶対的に足りていないケースが目立ちます。

若いうちはそれでもいいでしょう。体力的な負荷をかけても気合いで乗り切れるからです。努力としての費用対効果が最も高いのは、自ら行動することです。

たとえば、週5働いていたのを週6週7と増やせば、それだけパフォーマンスは上がりやすくなります。こなせる仕事の絶対量が増えるためです。

ただそのようなやり方は、いずれ無理が出ます。だからこそ、意識的に休養する必要があります。適度な休養もスキルなのです。

運動、栄養、休養という3つの要素を仕事におきかえると、運動とは業務のことであり、栄養とは学びのことであり、休養とは文字どおり休むこととなります。

体力で業務量をカバーすることは、年齢を重ねていくにつれて、再現性が乏しくなります。そのため、栄養と休養で補っていく必要があるのです。

ビジネスパーソンにとっての栄養摂取は生産性を高めるために必要です。本を読んだり、勉強会に参加したり、ビジネススクールに通うことなどさまざまです。

栄養を摂りすぎてお腹いっぱい（インプット過多）になるだけでは意味がありません。摂取した栄養を消化するために、意識して休養を取りましょう。休養は、インプットした知識を自分のものにしていく過程でもあるのです。

どんなに筋トレをしても、筋疲労を抑えて超回復しなければ身体は強くなりません。同様に、学んだことを自分のものにしなければ、本質的な自己成長にはつながらないのです。

おすすめは、学びをアウトプットすることです。たとえば読んだ本の内容を、感想として書き出してみたり、人に伝えてみましょう。

それだけで、学びを血肉化できる確率は高まるのです。

減点法と加点法

体調のよし悪しは外見に出ます。体調が優れている人は見た目も健康そうに見えますし、そうでない人は明らかに不健康そうにしているものです。

それらの違いがもたらすのは、個人的な影響だけではありません。人は見た目で物事を判断する傾向にあります。つまり、見た目が悪いとそれだけで減点されてしまうのです。

特に日本における新規の出会いは、プラス要素を加えていく「加点法」より、マイナス要素加えていく「減点法」が中心です。見た目のマイナスは、徐々に積み重なっていくのだと認識しておきましょう。

たとえば、よれよれのスーツを着ている人は、それだけで減点されます。髪が乱れていたり、爪が汚かったりすると、さらにマイナスは積み上がっていくのです。気づいたときには、評価もガタ落ちです。

ちなみになぜ日本人の多くが減点法なのかというと、義務教育の過程で減点されてきたためです。言われたことを言われたとおりにやれば成績は上がりますが、余計なことをすると、それだけで減点されます。その習慣が身についているのでしょう。

一方で企業経営者の中には、加点法を採用している人も多いです。「君はコミュ力がないね」とマイナス面に目を向けるのではなく、「君の発想力はスゴいね！」とプラス面を見ているのです（だから身なりを気にしない人も多いのですが……）。

話を戻しましょう。多くの人は、減点法で他人を見ています。そのため、減点されるような身なりは避けたほうがいいでしょう。必要なのは清潔感です。

清潔感のある人は、誰が見てもプラスの評価となります。清潔感のある身なりをすることは、一種のマナーであるととらえたほうがいいでしょう。体調管理も同様です。

そして、清潔感がある身なりを保っていれば、減点されることもなく、ツッコまれることもありません。仕事の中身がいいのに、見た目で減点されてしまうのはもったいないのです

残念ながらそのような人は、一定数、存在しています。

仕事の評価はその中身だけで完結するわけではありません。一見、関係ないと思われる外見も評価につながっています。清潔感のある見た目を心がけ、減点されないようにしましょう。

スケジュールを見返す

時間効率を高めるには、振り返りが必要です。スケジュール表を活用し、1か月単位で時間の使い方を見直していきましょう。

たとえば、個人の目標を年間（12か月）で1000万円に設定していたとします。そのときに、「どうすれば、より短期間で1000万円を実現できるのか？」と考えます。

1か月で1000万円達成できれば、残りの11か月はほかのことをしてもいい。空いた時間をマ

ネタイズではなく、人脈形成・知識獲得に使うのもいいでしょう。時間効率を高めるとは、つまりそういうことです。

効率を高めるための振り返りとして、スケジュール表を活用する。スケジュール表とは、過去の打ち合わせ時間や作業時間を記載したものです。手帳やスマホアプリなどで管理している人が大半でしょう。

過去のスケジュールを確認する人は少ないです。しかし、過去のスケジュールをあえて見返すことで、時間の使い方を改善するヒントになります。毎日、1日の終りに見るようにしましょう。

スケジュール表は、あなたの人生そのものです。そこには、自分が何にどれだけの時間を費やしてきたのかが記されています。中には思い出したくないこともあるかもしれませんが、ぜひ振り返ってみてください。

振り返ってみると、「この空白の時間は何をしていたんだろう?」「最近、この人とばかり会っているな」「今年は戦略的に休みを入れられていないな」など、さまざまな気づきが得られます。

そのような気づきを、「KPT」で分けていきましょう。

KPTとは、「Keep(キープ)」「Problem(プロブレム)」「Try(トライ)」の略称です。

Keepは、引き続き確保する時間です。「読書の時間は学びになるから押さえておこう」「映画はインスピレーションを得られるから確保しよう」などと、個別に判断します。

Problemは、問題だと思われる時間の使い方です。「無駄なネットサーフィンをしている」

「週3のミーティングは多すぎる」など、問題だと思われる時間をあげていきます
Ｔｒｙは、問題としてあげられた時間の改善です。「ネットサーフィンの代わりに読書をしよう」「ミーティングは週1にして密度を濃くしよう」など、挑戦する時間をつくります。
時間の使い方を見直し、ＫＰＴで分類しながら、時間効率を高めていきましょう。

成功者は時間配分が極端

成功者の時間配分は極端です。中途半端に仕事をしたり、いい加減に休んだりはしません。仕事をするときは誰よりもしますし、休むときは誰よりも休みます。大切なのはメリハリです。

たとえば、空いた時間に「本を読む」と決めたとします。これまで読書週間がなかった人であれば、１か月に数冊ほど読めればいいほうでしょう。

しかし成功者は違います。「本を読む」と決めたら、徹底的に読むのです。それこそ、月に数十冊、年間何百冊も読もうとします。そのために時間配分を再考します。

ここで言う成功者とは、高い成果を上げていることに加え、似たような成果を上げている人が少数の場合を指します。出世する人がわずかしかいないなら、出世した人が成功者です。つまり成功者とは、確率が低いことを成し遂げた人のことです。

彼らは、普通ではないことをしています。「時間配分はバランスよく」などと言われても、そうしません。あえてバランスを崩すのです。極端な時間の使い方をするが成功者の特徴です。

時間配分を変えない限り、人生は変わりません。何らかの分野で成功したいのなら、成功者と同じように、極端な時間の使い方をしましょう。バランスが崩れても気にする必要はありません。

僕の場合、会社員時代には「週110時間働く」という目標を掲げていました。正確にはオフィスにいる時間も含めて週110時間働いていたのですが、極端に時間を使ったため高い成果を上げられました。

また、営業マン時代は「1か月で100件アポを取る」という目標も定めていました。そこから逆算し、使う時間を決めていたわけです。いずれにしても極端な時間配分でしょう。

このように、大きな成果を上げたいのなら、常識的な時間配分から抜け出しましょう。普通じゃなくなればなくなるほど、成功者に近づけます。

ただし、時間配分がインプットに偏らないように注意してください。アウトプットにも目を向け、価値を生み出す時間を多くつくるようにしましょう。成果とはインプットではありません。アウトプットです。

極端な時間配分は、アウトプットを主体にしてはじめて、結果につながるのです。

急ぎでないけど重要なことで3年後差がつく

「仕事の優先順位をつけることが重要」といっても、そのつけ方に戸惑うこともあるでしょう。

優先順位の判断基準となるのは「緊急度」「重要度」が軸です。この2つを基準にすれば、すべての仕事は次の4種類に分けられます。
A……緊急かつ重要
B……緊急ではないが重要
C……緊急であるが重要ではない
D……緊急でもなく重要でもない

これはアメリカの第34代大統領であるアイゼンハワーが使った時間管理法で「アイゼンハワーマトリクス」と呼ばれるものです。多忙な彼は有限な時間をどう振り分けるかを決めるために、タスクをこの4種類に分けて優先順位をつけていました。

Aは今すぐにする必要があり、かつ重要なタスクです。今日が期限の仕事や支払いなどが、これに該当します。ここは、いかに効率化するかがポイントです（次ページ参照）。

Bは今すぐにする必要はないけれども、あとから役立つ領域です。成果としてすぐに現れづらいのが特徴です。読書や勉強、仕事の「振り返り」などがあてはまりますが、多くの人が後回しにしています。しかし、ここで人生の差がつきます。努力を習慣化することが鍵です。習慣化することで、行動量の実績が積み重なります。

Cは重要ではないけれども避けられないタスクです。電話対応や毎日の雑務がこれにあてはまります。この領域のタスクは可能な限り自動化し、とにかく時間をかけないことが大事です。

Dについては「やらない」という検討が必要です。ここに該当するタスクは、一生やらなくても誰も困らない種類のものだからです。どうしても自分1人でやらない決断ができないのであれば、上司や仲間とコンセンサスを取り、共犯者を募りましょう。

最も重要なのはBです。ここが人生の勝敗を分けます。たとえば、僕はブログを高校3年生から10年以上続けています。日々の学びを振り返ることが目的でした。今は、そのアウトプットが積み重なり自信がつきました。その結果、仕事のスキルは高まり、ブログ経由での出会いがビジネスを創出することも出てきました。本書の出版もブログがもとになっています。

99％のビジネスパーソンがAの領域で凌《しの》ぎを削っています。みな明日の仕事の成果のために一生懸命になっている中、来年再来年を見据えて先回りした努力をしている人が、あなたの周りにもいるのではないでしょうか。

目標設定「はじきの法則」

時間術は、スピードとの関連性が強いです。もっと言えば、時間の使い方がうまい人ほど、スピード感をもって仕事をしています。

僕がこれまで高い成果を上げられたのも、あらゆる行動のスピードを速めるべく努力してきたからです。人から評価されるのもやはり、スピードに関することが多いです。

では、どうすればあらゆる行動のスピードを速くできるのでしょうか。

考え方としては、算数の時間で習った「はじきの法則」が役に立ちます。はじきの法則とは、「速さ」

「時間」「距離」という3つの要素を組み合わせて、それぞれの数値を求める公式のことです。速さと時間がわかれば距離もわかります。時間と距離がわかれば速さがわかります。時間も同様です。はじきの法則をスケジュール管理におきかえると、デッドを決めることの重要性が見えてきます。つまり、時間を決めることによって、必要な速さと距離も自然と導き出されるのです。

3年以内に達成したい事柄があったとします。3年というのは時間（期間）です。達成したい事柄と現在地は距離です。それらがわかれば、どれだけの速さで行動すればいいのかわかるでしょう。

仕事のスピードが速い人は、常に時間と距離を意識しています。時間と距離がスピードを決めるのだと理解しているからです。

一方で仕事のスピードが遅い人は、目標達成にかかる時間とそこまでの距離を把握していません。そのため、適切なスピード感がわからないまま仕事を処理しているのです。

もちろん、タイピングのスピードや思考能力の速さも重要なのですが、それらは本質ではありません。重要なのは、距離と時間から速さを求めているかどうかにあります。

たとえば僕の場合、30歳までに本を10冊出版するという目標を掲げています。最初の本が出た段階で28歳だったので、残りは2年しかありません。24か月で9冊、約3か月に1冊のペースです。

ただ、やり切ると決めた以上、3か月で1冊本を出すための動きをしなければなりません。企画の作成、出版社へのアプローチ、執筆など、必要事項を逆算して進めていく。そこから割り出されるのがスピードです。

はじきの法則を応用すれば、時間の使い方もスケジュール管理も変わっていくのです。

優先順位を絞り込む

「プライオリティ（優先順位）こそが人生で最も重要である」と、中学時代の塾の先生に教えられました。

彼は某メガバンクのニューヨーク支店長だった頃に、２００１年の「９・11」で多くの部下をなくしました。一瞬にして多くの友人・知人を失った彼は人生を見直し、定年を前にしてビジネスの世界から引退。教育に人生を捧げる決断をしました。

社会人４年目の冬、僕は親父を亡くしました。62歳でした。孫の顔を見せることはできませんでした。「いつか親父と仕事を一緒にしてみたい」という目標があったのですが、果たすことはできなかったのです。

明言はしていなかったので、ちゃんと言葉にするべきだったかもしれません。今はもう叶わぬ夢となりました。親父が何かやり残したことがあったかさえも聞くことはできなかったのです。

誰しも、使える時間には限りがあります。

人生は一度きりです。

人生の目的を決めるのは簡単なことではありません。目的を設定しているときに人生が終わる可能性もあるでしょう。

しかし､チャンスは1回だけではありません。チャンスを打席とたとえるなら､打席は何回か回ってきます。1打席ごとに目的やテーマを決めることはできるでしょう。

ここで伝えたいことは、1打席ごとに目的を絞り込むことです。1回の打席であれこれ考えていると、あっという間に追い込まれてしまいます。手が出せなくなるのです。たとえヒットが打てなくても、「ボールをしっかり見る」でもよいから、目的を絞り込みましょう。

ただし､打席も永遠にやってくるとは限りません。難易度が低いチャレンジばかり続けていると、そこで試合終了になる可能性もあります。自分ができるレベル以下の仕事を続けている間に人生がおしまいになることもあるでしょう。

「簡単な問題から解く」という試験勉強のテクニックがありますが、人生においては「重要な問題から目を逸らさない」ことが重要です。

いつ終わりがくるかわからないという以上に、いつ本当のチャンスがやってくるかわからないからです。チャンスは自分の都合どおりにはやってこないのです。

ワンアクション・マルチアウトプット

同じ時間を生きていても、人と差をつける方法があります。それが「ワンアクション・マルチアウトプット」です。

僕自身、独立してからこれまで、連続起業・連続Ｍ＆Ａ、出版活動と高校での教育活動を同時に叶えたのは、このスキルを活用したからにほかなりません。人と比べて時間が多くあるということではないのです。

１００名を超える従業員と向き合い、３人の子どもを育てながら、年々自分の時間の確保が難しくなっています。その中でアウトプットの量は減らさず、むしろ成果の最大化を目指す中で必要に迫られて生み出したスキルでもあります。

一定の時間内で複数の成果を出すためには、複数の目標設定が必要です。野球のストラックアウトで言うところの「２枚抜き」です。投げるボールは1球、しかし獲得するスコアは２つ以上。それが狙いどおりであっても、たまたまであっても、投げる先に的が２つ以上ないとそもそも成立しません。故に目標設定の細分化が必要です。

ワンアクションで複数の成果を得るイメージはそういうことです。

ワンアクション・マルチアウトプットのコツとして、「動作一定」という考え方があります。動作一定とは、やることを変えないということです。複数のアウトプットが可能になる行動を見つけるのです。

パラレルワークのコツも同じです。

昔、母親が文字どおり朝から晩まで３つの仕事を掛け持ちしていたことがあったのですが、身体を壊してしまいました。駅で倒れて家に運ばれてきたのです。それは旧来型の働き方です。

ワンアクション・マルチアウトプットができるようになると、肉体的にも精神的にも楽になります。

僕の場合、動作一定の主体は営業活動です。営業活動という一定の動作を通じて、各方面にアウトプットをしています。お客様、従業員、投資家、本の読者、学校の生徒、それぞれの課題発見と解決を行っているのです。

経営者の立場としては、多くのお客様のビジネス課題を解決するために事業をつくり運営するということになります。従業員の目標を叶えるための制度設計をつくり、運用改善を繰り返しています。

従業員以外のビジネスパーソンに対する学びは、書籍を通じて届けています。ビジネスパーソン手前の高校の生徒たちには、授業を通じてビジネスエッセンスを提供しています。いずれも僕の中では「営業活動」にほかなりません。

集中力に再現性をもたせる

取り組む時間は同じでも、得られる成果が異なることがあります。それは、「時間の密度」がもたらす違いです。つまり、集中力の問題です。

同じ作業時間でも、集中力の高低によってもたらされる成果は変わります。集中して作業できれば、それだけ時間効率も高まるはずです。

では、どうすれば集中力を高めることができるのでしょうか。まずは、自分自身の体調に目を向けてみるといいでしょう。

たとえば低血圧の人は、朝の仕事がはかどりにくいはず。起き抜けは血流が滞っており、体温が低いためです。そのような場合にはまず、熱いシャワーを浴びてみましょう。シャワーを浴びて血流を促進するのです。

あるいは、軽い運動をしたり、食事をしたりするのでもいいでしょう。いずれにしても、血流をよくすることで、体調面から集中力を高めていきましょう。

集中は脳のはたらきです。脳のはたらきを促すには、血流に着目するべきです。つまり血流を流すための工夫は、集中力に直結するのです。

また、肉体的なことだけでなく、精神的な部分にも目を向けてみましょう。

誰しも、気が進まない仕事があるものです。「あの人に連絡するのは気が重いな」「資料作成は面倒くさいな」などです。そのような仕事は、自分のモードを変えて取り組みましょう。

たとえば、コーヒーを飲むとやる気が出る人がいます。あるいは、好きな音楽を聞くことでスタートを切りやすい人もいるでしょう。人によって集中力を上げるアイテムは異なります。自分なりの方法を見つけておきましょう。

場所の問題も大きいです。オフィスで集中できる人もいれば、カフェなどの公共施設で集中力を発揮できる人もいるでしょう。絶対的な正解はありません。自分に合った場所を見つけることです。

肉体的にも精神的にも、集中力を高められるのは自らの工夫だけです。誰かがあなたに集中力を提供してくれるわけではありません。また、待っているだけでもダメです。

主体的に、集中力を高める方法を選択しましょう。集中力を高めれば、時間の密度は濃くなっていきます。

責任感とは背負いこむことではない

完璧主義は、時間効率の向上に逆行します。1つひとつの仕事をすべて完璧にこなそうとすると、時間あたりの生産性は上がりません。

やはり、一定のレベルで割り切る覚悟が必要です。言いかえると、ボールをもちすぎないよう心がけましょう。

複数の仕事を同時に行っていると、自ら考えるより、パスしてしまったほうが前に進みます。自分の知恵だけでなく、他人の知恵も活用できるからです。

しかし完璧主義の人は、パスする前に最高のものを仕上げようとしてしまいます。その結果、いつまで経ってもパスできず、生産性は一向に上がりません。

どんな仕事にも締め切りはあるものです。デッドが決まっているからこそ、時間効率を上げなければなりません。終わらなければ意味がないのです。

効率を上げるためにも、ボールをもちすぎず、どんどんパスしていきましょう。それが、複数の仕事を同時進行させるコツです。

特に複数人で行う仕事は、行き詰まった段階ですぐ「わかりません」と相談しましょう。悩んでいる時間がもったいない。わかる人に聞いて、巻き込んでいくことが大事です。

そのとき、「誰に聞けばいいのか」を知っておくと役に立ちます。各分野の〝相談できる人〟を把握しておけば、無理にボールをもちすぎることはありません。仕事が進みやすくなるでしょう。

重要なのは、自分のところで仕事を止めないということです。仕事は、止めようと思えばいくらでも止められます。ボールを保持し続けるのは難しくないのです。

そうこうしている間に時間はどんどん経過しています。仕事は進んでいないのにもかかわらず、プレッシャーは高まっていくのです。

思い切ってパスしましょう。そして、気を取り直して別の仕事に着手してください。

僕の場合、「ビジネスを考える」「業務を進める」「本を書く」「動画を撮る」「作曲する」など、複数の作業を切り替えてこなしています。並行することで気分転換になり、やる気も高まっていくのです。

1つひとつの仕事を完璧にこなそうとしないこと。そしてボールをもちすぎないこと。パスすれば、それだけで仕事は前に進みます。

僕もかつては、「自分の力で成果を出したい」「使えないヤツって思われたくない」という気持ちが大きくて、先輩に質問したり頼ったりすることができませんでした。しかしそれは「責任感があるように見えて全然ない行為だ」と思います。

本当の責任感とは1人で背負い込むことではなく、上司や先輩をうまく使うとか、どんな手段を使ってでも自分に課された責任を果たすことだと学びました。

それが「成果に素直」ということです。

自分の番ではないときに成長する

自分の経験からしか学べない人は、成長速度が自分の行動以上には早くなりません。いつも本番なわけではありません。むしろ、本番を待っている時間のほうが長いものです。問題は、その待っている時間で何ができるのかにあります。プロフェッショナルは、他人の努力さえ自分の成長につなげるのです。

自らの努力を人に見せるかどうかは、あなたの裁量に任せます。ただし、新しいことに取り組む場合、努力の仕方が合っているか否かを確認しましょう。最初に頑張り方を間違えると後から取り戻すのに時間がかかります。

努力の仕方を間違えると危険です。

たとえば営業職の場合。電話営業を任されたとき、Aさんは会議室を1人で借り切ってこもって行う。Bさんは執務室で周りに人がいる状況で行う。どちらが結果を出せるようになるでしょうか。

答えはBさんです。Aさんの電話営業の仕方は、誰も見ていないのでアドバイスされようがありません。Bさんは最初こそ耳障りの悪いアドバイスをされるものの、やり方が洗練されるスピードが早いため、結果的にBさんのほうが早く成果を得られるのです。

これが新しいことに取り組む段階で、人に努力を見せる効能です。

別の例で、努力の仕方を間違えると成果の差が2倍以上開く話があります。

Aさんは「人を言いくるめる営業スタイル」で1年間必死で頑張りました。Bさんは「人の話を聞く営業スタイル」で1年間頑張りました。今の時代、言いくるめる営業スタイルはどの業界でも好まれません。嫌われて悪い噂がたつ懸念さえあります。Aさんは自分で気づかない限り、改善できないでしょう。

両者ともに同じ1年間必死で頑張った事実は変わりません。しかし、成果の差は2倍以上出てしまいます（Aさんがマイナスの成果となった場合）。

筋トレも、間違った方法で頑張ると怪我をします。それと同じです。

他人の努力を見せてもらうことも有効です。自己成長を続ける人は「人の振り見て我が振り直す」ものです。自分が打席に立っているとき以外でも、貪欲に学んでいます。

自分が打席に立っているときに成長できるのは当然です。しかし、自分が打席に立っていないときでも成長できる人は限られます。それが自らの成長を加速させていくのです。

ポイントは、他人の行動を観察するということです。成功した人を見たら、そのやり方を真似してみる。失敗していたら、なぜ失敗したのかを考える。そのようにして、他人の行動を自らの成長につなげるのです。

お風呂で成長する

自己成長には時間がかかります。一朝一夕で達成できることではありません。使える時間があれば、積極的に活用していきましょう。

重要なのは続けることです。あえて時間をつくると、無理が出やすいですが、移動時間を使えば継続しやすくなります。そこに自己成長のための習慣を埋め込みましょう。

会社員であれば、行き帰りの通勤時間があります。学生も同様です。通勤時間をムダにせず、自分を成長させる時間に変えていきましょう。

あるいは、あえて職場や学校の近くに住むのもいいでしょう。僕は社会人になってから、一貫してオフィスの近くに住んでいます。通勤時間がないため、その分を自己成長にあてられるのです。

また、移動時間と同じように活用したいのが「風呂の時間」です。僕はいつも、風呂にスマートフォンをもち込んでブログを書いています。あるいは、動画を見たり編集したりしています。

風呂に入っている時間は人それぞれですが、僕の場合は30分ほど確保し、そこでできることをやっています。風呂は毎日入るので、自然と習慣化されていくわけです。

移動時間や風呂の時間は、あくまでも一例です。大切なのは、自分にとってのスキマ時間を見つけ、その時間を自己成長につなげていくことです。

無理に時間をつくる必要はありません。プラスオンの努力をしようとすると、大抵は挫折します。

人は、これまでの習慣を容易に変えられないものです。

そうではなく、普段の生活の中から使える時間を見つけ出しましょう。移動時間や風呂の時間など、時間の使い方を見直すことで、使える時間はいくらでも見つかるはずです。

まずは、普段の移動時間をフル活用してみてください。それが継続できる習慣になれば、自己成長は自ずと加速していきます。成長が蓄積されていくのです。

続けるのが大変なことではなく、続けやすい行動を普段の生活に取り込みましょう。無理をするのではなく、軽い気持ちでできることからはじめてみてください。

わずかな行動でも、やがて大きな自己成長になります。

アウトプットを起点に努力を設計する

インプットとアウトプットは、自己成長の両輪です。インプットをしなければ知識やノウハウを吸収できず、アウトプットしなければ定着しません。どちらも欠かせないものです。

インプットとアウトプットは、それぞれセットで設計しましょう。そして、セットで行えるように仕組み化してください。

「本を毎週読む」「毎週筋トレをする」「○○の資格を取る」などを習慣化している人も多いと思います。しかし、もし「稼ぎたい」という目的がある場合、それらは遠回りのアクションです。

習慣自体は否定しません。無意味であるとは言いません。読書や筋トレが楽しければ、命にとって必要な活動（ライフワーク）です。

ただ、目的達成に向けての時間配分として、その寄り道をする余裕があるのか否かは問いたいところです。目的を絞り込むと努力の矛先も絞られます。

お金を稼ぎたいのであれば、営業しましょう。稼ぐにはそれしか方法がありません。商品開発、サービス開発をしたところで、売らなければお金になりません。

本を読む前に営業しましょう。営業をしてから、自分に足りない知識を書籍で獲得するのが効率的です。目的達成のために資格が必要だと気づいてから勉強をすると身につきます。

目的のない努力目標は、投資対効果が合わない可能性があります。努力自体が浪費になってしまう懸念があるのです。自身の身体の経営者として、適切な努力投資ができているか否かを見極めたほうがよいと思います。

僕自身は、出版を起点にインプットを最大化しています。自分が執筆する本の類書を読まざるを得なくなるから読むわけです。

トレーニングジムに行く時間は取りづらいため、ジムとプール・サウナがついた自宅を購入し、移動を自転車にしています。

また、自身の会社を上場させることで、自分のみならず、関わるメンバーが細々としたビジネス系資格を取らなくても、どこでも通用するような実績をつくることに集中しています。

努力をしている感覚は一切ありません。日常の中にトレーニングが入り込むように設計しているだけです。

昔の仲間とオサラバする

自己成長は自分だけで完結するものではありません。むしろ、関わる人々との中で、少しずつ醸成されていきます。

だからこそ「どのような人と接するのか」が大事です。

自己成長を加速させるには、過去にこだわっていてはいけません。意識して、人脈をアップデートしていきましょう。

特に、居心地のいい昔の仲間とは、積極的にオサラバするようにしてください。居心地がいいということは、そこに違和感がない証拠です。違和感があると、人は思考します。「なぜこの人には違和感があるのだろう?」と考えながら、自らの価値観が洗練されていくのです。

ですので、他人との違和感はチャンスととらえましょう。違和感を伴う出会いは、自分にとってプラスになります。自己成長につながっていくのです。

そう考えると、居心地がいい地元の仲間は違和感を生まない存在だとわかります。自己成長という側面から、そのような関係性を断ち切る勇気も必要です。

もちろん、地元の仲間が精神的な支えになっていることもあるでしょう。ただ、「今は成長を志向する」と決めたのなら、割り切って行動してください。

居心地のいい人と付き合うのではなく、ギャップを感じる人と付き合いましょう。それも、自分より明らかに成長スピードが速く、成果のサイズが大きい人と付き合うのです。

成長スピードが遅く、成果のサイズが小さい人と一緒にいると、自分がそちらに合わせなければなりません。それでは、自己成長にはならないのです。

そうではなく、高みを目指している人、自分より先に行っている人と背伸びしながら付き合うことで、違和感を成長に変えられます。つねに、何が足りないのか考えるようになるのです。

ただその前に、現在の人間関係を清算しなければなりません。まずは、地元の仲間とオサラバすることからはじめましょう。あれもこれも得ようとするのではなく、まず切るのです。

自己成長につながる人間関係もやはり、率先して損切りできるかどうかが大事なのです。

自分の中にコーチをもつ

自己成長の方法論はたくさんあります。大切なのは、それらの中から自分に合ったものを見つけることです。

結局のところ、自分で自分を成長させられる人が、最も成長します。「○○先生に教われば」「○○さんの話を聞けば」というように、他人に頼ることも大事なのですが、それだけでなく、自分自身でできる方法論も確立しておきましょう。

僕の場合、それは「メタ認知」です。メタ認知とは、より高い次元から自分を認知することで、必要な学びや経験を得ていく手法です。「認知の認知」とも呼ばれています。メタ認知を活用すれば、自分で自分を俯瞰できます。高い視点で自分を見ることによって、成長に必要な気づきを得られるのです。

メタ認知に限らず、自分なりの方法をもっている人は成長速度が速くなります。外からの働きかけを待つことなく、成長していけるからです。

特に社会人は、自分で目標を決めなければなりません。学生時代の延長で考えてしまうと、資格を取得したり社内で1番になったりなど、わかりやすい指標を求めてしまうものです。しかし、必ずしもそれだけが成長なのではありません。

むしろ、自分が到達したいと考えるゴールを設定し、そこに向かって自分なりの努力ができる人ほど、最短距離の自己成長ができます。どこに行っても、何をしていても、少しずつ前進できるのです。

自己成長の方法論は、誰かが与えてくれるものではありません。いろいろ試しながら、自分に合ったものを取捨選択していく必要があります。大切なのは自分です。

セルフマネジメントには2つのポイントがあります。1つは自分を知ること、もう1つは成長の方法論をもつことです。

自分を知らなければ、自分に合った成長の方法論は見つけられません。自分に合っていないものを使用していても、成長は加速しないのです。だからまず、自分を知ることが大切です。

どんな症状があるのかわからなければ、薬を処方することはできません。同様に、自分がどんな人間であるのかわからなければ、最適な方法論は見つかりません。

自分を知り、自分なりの自己成長の方法論をもつようにしましょう。

まずは家か車を買う

稼ぎを増やしたければ、先に「買う」ことをおすすめします。

会社経営とはお金を使うことです。「使う」といっても浪費と投資は異なります。無論、ここでの「買う」は投資をすることです。リターンを生むものに投資をし、適切なタイミングで回収する。それを繰り返し、規模を大きくすることが会社経営です。稼ぐのはその後の話です。

お金ではなく、自分の時間を投資するということも同義です。しかしここで伝えたいのは、物理的に購買をすることです。購買体験は、自身の営業力を向上させます。その理由は2つあります。

1つ目は、意思決定から納品までの全体像を理解できること。HPから、店舗から、お客さんがどんな接点から、どんな気持ちでやってきて、購入のサインをするときに、どんな気持ちなのか。何が不安になるのか。意思決定後、実際の商品・サービス提供までの間にどんな時間軸が待っているのか、それが退屈に感じるのか否か、などです。営業をする立場の逆の立場から物事を考えられるようになることが最大のメリットです。

2つ目は、されて嫌なことがわかるということ。

たとえば、自分の名前を間違えられたり、返事が曖昧だったりすると、嫌な気持ちになるということを身をもって体感します。マイホームの購入の際など、自分が意思決定者なのに、奥さんばかりに営業マンが案内していると嫌な気持ちになる、などが体感値として得られます。これは言葉で教えられるだけでは到底身につかない身体知です。

そのほか、資産価値の高いものを買うこと自体、自分自身の総資産を増やす行為になります。仮にローンを組んだとしても、所有財産が増えることでBSは大きくなります。

この概念を体感することがまた、自身の営業力、特にクロージングにおけるパワーにつながります。購入した際のメリットを自分の言葉で伝えられるようになるからです。

「まずは家か車を買う」は、手っ取り早い自己成長法なのです。

第４章　独立・起業の極意

キャリアアップとしての起業

スキルアップやキャリアアップを実現していくと、選択肢としての独立・起業が見えてきます。起業は起業でも必ずしも独立（退職）する必要はありません。社内での新規事業の立案や、子会社の立ち上げなどでも実現できます。また、複業として、本業とは別にビジネスを立ち上げることも、この時代できるようになりました。複業の経験が本業にいかせることもあります。お金をもらわなくても、ボランティア、プロボノ的な関わり方でも経験は摘むことができます。

独立・起業においても、会社経営のスキルを身につけ、キャリアアップしていくという意味では、これまでの動作と変わりません。

つまり個人ではなく、会社としてステップしていくフェーズになります。お客様や株主を「上司」と見立てれば、「上司の期待に応えていく」のは同じです。スキルアップやキャリアアップを経ていれば、社内でも社外でも活躍できる人材になれるのです。

第1章「転職の極意」でもお伝えしたとおり、独立・起業の選択肢でも同業種で結果を出しやすい傾向があります。インターネット広告の会社で働いていた人は、インターネット広告の仕事で独立したほうが結果を出しやすくなります。〝土地勘〟があるからです。

かつて僕が在籍していた企業では「営業代行」をしていたのですが、そこから独立して初年度から結果を出している人は、やはり営業の仕事をしています。その点、同業種で独立・起業するのは基本と言えるでしょう。

注意点としては、以前の職場でしてきたことを同じ業界でそのまま行うと、小さい仕事を個人単位でやるだけになってしまいます。「ライフワーク」として仕事をとらえるのはよいのですが、独立するとビジネスの規模が以前より小さくなる点は認識しておきましょう。

もちろん大きさだけがビジネスの尺度ではありませんが、年収1000万円を目指すためには、規模の制約についても配慮しておきたいところです。

スポーツとは異なり、ビジネスのマーケットは大きくなることもあれば、突然小さくなったり、ルールが変わったりすることもあります。

たとえば、僕が行っていたスマートフォンアプリをつくる仕事も、20年前には存在していませんでした。それが現時点ではレッドオーシャンになり、勝ち負けがはっきりしています。まさに栄枯盛衰が明確な領域です。

自動車業界も、日本の経済をつくってきた産業の1つですが、「電気自動車」「自動運転技術」などと、マーケット環境は変化を続けています。どの業界でもそうですが、同じ状況が続いていくとは限らないのです。

独立・開業の初期段階ではこれまでの仕事をするのもよいのですが、中長期で考えると、新しい職種、新しいチャレンジを模索していくことが大事です。

それが結果的に、安定をつくることにつながります。

イントレプレナーとアントレプレナー

独立・起業したい人は、その前に「社内起業（イントレプレナー）」を経験することをおすすめします。会社に所属したまま新規事業を経験できれば、リスクを減らしてチャレンジしつつ、スキルを高めることができます。

しかも、そこで身につけたことは、自分がこれまで積み上げてきたことと掛け算しやすくなるのです。

たとえば僕も、サイバーエージェントのグループ会社で新規事業を複数経験しました。仕事で培った人脈を使いながら、新しい事業に着手したのです。会社の看板とリレーションを使って新規事業を展開すれば、失敗しても大きな痛手にならずにすみます。

自分自身で商品をつくり、マーケティングや営業、経営も経験できるので、将来の独立・起業に踏み切りやすくなります。

独立後は、インターネット広告とは別の教育事業、クラウドソーシング事業、営業代行、YouTube関連の事業など、さまざまな業務に着手しました。社内での起業経験がいきていたと思います。もちろん、必ずしも独立することが正解なのではありません。在籍している会社でそのままチャレンジし続けられるのなら、それに越したことはないでしょう。

一方で、イントレプレナーのデメリットもあります。会社の看板を使う以上、また規制がないようなグレーな領域に手を出しづらかったりします。企画を通すことに一生懸命になっている間に、ライバル会社が先行してしまうケースもあります。

また、社内のみんながみんな、新規事業を応援しているわけではありません。邪魔をするわけでもなく、みんな自分の業務で忙しく、協力する余裕がないことも多くあります。

僕の場合は、会社に所属したままではやりたいことが実現できないから独立したまでです。

ちなみに僕が提案したのは「野球チームをもつこと」「教育事業をすること」「子会社を上場すること」でした。いずれも却下されたため、独立することで自ら達成しました。

そういう選択も可能なのです。

野球にたとえると、必ずしも「みんながエースになることはできない」「みんなが４番バッターになれるわけではない」ということです。向き不向きもありますし、チームの事情もあるでしょう。自ら状況を打開するべく行動することで、強みを発揮し、結果を出すことができます。

また、所属する組織のレベルを落とせば、自分のやりたいことがしやすくなります。社会人野球では活躍できなくても、草野球なら活躍できる、つまりそういうことです。

ただし、大企業で活躍できない人が中小企業やベンチャーで必ず活躍できるかというと、そうとは限りません。求められるものが違うからです。特にベンチャーは「起業家精神」をもっているかどうかより、社長の言うことをきちんと実行できるかどうかが問われているものです。

そうした違いもふまえた上で、独立・起業のための経験を積み、準備を進めていきましょう。

プロダクトアウト／マーケットイン

事業開発の極意としては、切り口を1つ紹介しましょう。「プロダクトアウト」と「マーケットイン」という発想です。

プロダクトアウトとは、商品を起点にサービスをつくることです。一方でマーケットインは、市場のニーズありきで商品をつくっていくことです。

たとえば、「野球選手をあきらめても年収１０００万を目指す」という本書のコンセプトは、出版社から依頼されて出すというよりは、僕がぜひつくりたいという想いからスタートしています。つまりプロダクトです。

他方で、僕がこれまでに書いてきた書籍は、基本的に出版社から依頼されてつくってきたものなので、マーケットインと言えるでしょう。

どちらがよいということではありません。あくまでも出発点が違うだけです。着想として商品から考えるか、あるいは市場から考えるかという違いがあります。

野球で考えてみましょう。

あなたがピッチャーだったとして、自分が投げたいボールを投げるのがプロダクトアウトです。起点はあなた自身の気持ちです。

一方で、統計上そこに投げれば打たれないと考えて投げるボールがマーケットインです。かつて野球界では「低めにボールを投げれば長打が出ない」と言われていましたが、データ化が進み、この10年ほどで「フライを打ち上げるほうがヒットの確率が上がる」というフライボール革命が打ち出されたのはご存知のとおりです。そうしたデータを駆使して投げるのが、マーケットインとなります。

ベイスターズからメジャーリーグに行った今永昇太選手は、インコースやアウトコースの高めにしっかり投げることができるため、低めを下から振ろうとするバッターを上回ることができます。これはまさに、マーケットが進化したことに対応している証拠です。

マウンドで投球する場合、投げるべきボールはキャッチャーが指示してくれます。ただし、大谷翔平選手のように「160キロの直球でも普通に打つ」人がいるので、そういう相手には通用しません。彼はまさに、プロダクトアウトで生まれた選手と言えるでしょう。野球界に新しい「市場」をつくったのです。自分が投げたいボールと求められるボールは異なることがあります。マーケットインだけで投げている選手より、プロダクトアウトでも打ち取れるピッチャーのほうが、チャンスは広がりやすくなります。

たとえば飲食店も、市場から求められている「健康的な食品」を提供する店だけが繁盛するわけではありません。たとえ体に悪くても、美味しいからこそファーストフード店が人気なのです。

マーケットに求められるものだけをつくるのではなく、プロダクトアウトでも価値のあるものを提供できるよう、工夫していきましょう。

起業の手順

法務省は、2024年9月20日にから会社設立に関する規制を緩和しました。7都府県に関しては、「2つの原則」にそって作成すれば、会社設立に必要な手続(定款認証と設立登記)を72時間以内に完了できるようにしたのです。

また同年12月からは定款認証の最低手数料を3万円から半額の1万5000円に引き下げています。

つまり日本政府としては、それだけ起業の件数を増やしていきたいと考えているのでしょう。起業・独立したい人にとっては追い風と言えます。

起業の手順もどんどんシンプルになっています。

会社の基本事項を決めて印鑑や銀行口座を用意し、定款の作成、資本金の払い込み、登記の申請などを経れば設立できます。専門家とも相談しながら進めれば誰でも無理なく行えます。

最も手っ取り早いのは、司法書士の先生に聞くことです。

結局のところ、会社を設立するというのは、法務局に登記をすることにほかなりません。ただ、自分でやろうとすると大変なので、そこは専門家である司法書士にお願いするのがおすすめです。

また、できるだけ手間や費用を抑えたいのであれば「マネーフォワード」や「freee(フリー)」などのサービスを使えば、指示に従って必要事項を入力するだけで会社を設立できます。

ただし、会社はつくることが目的ではありません。経営者は事業を運営し、価値を生み出していかなければなりません。

だからこそ事務手続などはアウトソース（外部委託）し、経営者としてやるべきことをやり、経験を積んでいくようにしましょう。

会社の設立は、人生にそれほど多く経験することではありません。数回あるかないかでしょう。ほとんどの人は1回あればいいほうなので、自分で調べて苦労して立ち上げるよりは、専門家に依頼し、可能な限りアウトソースして進めるのが得策です。

むしろ運営のほうが大変なので、そちらにきちんとリソースをさけるように行動していきましょう。

資金調達の方法

経営の大前提は、売上・利益をしっかり稼ぐことです。

受注もしくは購入された金額の売上に対するコストバランスをしっかり考え、売上以上にお金を使わなければ利益が貯まっていきます。そうやって資金を貯めていくのが基本です。

起業関連の話題では「資金をいくら調達した」というニュースがどうしても目に入りますが、これは玄人向けの話です。いきなりそこを目指してしまうのは、野球をはじめたばかりの小学生が「大谷翔平になる！」と言うようなものでしょう。

スタートアップのエクイティファイナンス（新株発行による資金調達）は、まさに急成長のために行うもの。マーケットを統括することで急成長できる場合が該当するのですが、それができる確率は非常に低いのが実情です。

スポーツ選手であれば、無理をして怪我をするリスクがあります。会社においても、急拡大によって、人間関係の問題が噴出するケースが多いです。

ですので、無理に急成長を目指す必要はありません。きちんと売上・利益を出していき、そこを原資に次の活動をしていけば問題ないのです。

日本を支えている99％の中小企業は、急成長している会社ではありません。むしろ数十年という長い年月を経て今の事業体になっています。

しかも日本は、世界でも有数の「１００年企業」がある国です。事実、創業１００年、２００年の企業数が世界一であり、まさに「長寿企業の国」と言えます。

そのことからも明らかなように、日本の強さは継続する力にあります。昨今では事業承継が課題とされていますが、むしろそれをうまくやってきたのも日本企業の特徴なのです。

急成長というのはむしろ、欧米式の考え方でしょう。みんながこぞって目指す必要はありません。特に野球を経験してきたみなさんは、コツコツ練習して結果を出すことに慣れていると思います。資金調達をして急拡大するのは、成功のイメージと異なるのではないでしょうか。

急拡大には急降下も伴います。ステロイドを打って一時的に筋肉を増強するようなものです。

もちろん宇宙開発のように莫大な資金が必要なものもあるので一概には言えないのですが、大切なのは、急成長ではなく「持続的な成長」です。

一気にお金を集めて急速に成長するのではなく、野球をしていた頃のようにコツコツ努力して、最終的に大きくなればいいのです。

契約書の考え方

ビジネスの基本は「契約」です。

契約書を交わすのが一般的ですが、そうでなくても、相手が求めるものに応えなければなりません。それが仕事というものです。

契約という観点では、受発注はもちろん、社員の雇用や就業規則なども契約を結ぶことで成り立っています。昨今では「副業の自由」なども注目されており、「職業選択の自由」という観点からも認める会社が増えているようです。

ただし、業種業態によっては、機密情報漏洩防止の観点から禁止しているところもあるようですが、それもやっぱり契約という発想が根底にあります。

野球でたとえると、プロ野球選手がジャイアンツとベイスターズを兼務することはできません。特殊な業界ではあるものの、そこにも契約の概念が用いられているのです。

これから社会人になる人の多くは、契約や契約書にふれる機会が増えます。特に独立・起業すれば、普通に作業するだけでなく、契約書を毎回チェックする作業もしなければなりません。また、契約書をちゃんと確認しないと損害賠償などの不利益を被《こうむ》ることもあるので注意が必要です。

少なくとも、契約書に目を通してきちんと読めるようにしておきましょう。

「弁護士に一任すればいいのでは？」と思う人もいるかもしれません。スポーツ選手の中にも、そう考えている人がいると思います。

しかしこれから経営者として活躍していきたいのなら、自分の目で見るべきです。僕の父親も、仲間に裏切られて「連帯保証人」になり、人生を壊されてしまいました。憲法上おかしいと思うようなことも、当事者間では有効であるケースもあるため、ぜひ注意してください。

契約書の注意点については、専門家や先輩経営者に聞くのがよいでしょう。もちろん弁護士に騙されることもあるため、丸投げはＮＧです。

契約書以外のところでは、業界によって独特な「商慣習」がある場合もあります。たとえば「ＮＤＡ（秘密保持契約）」を求められる、などがわかりやすいでしょう。

事前に、どのような商慣習があるのかを確認しておけば、思わぬトラブルを防げます。契約だけでなく、そういった点にも気を配っておくことが大切です。

自分をアピールする方法

仕事を受注するためには「自己紹介」をする必要があります。

商品のない仕事では、自分自身が商品です。自分という商品をどうラッピングするかで、相手に選んでもらえるかどうかが決まります。

使えるツールとしては「名刺」があります。ただ用意しておけばいいわけではありません。名刺に何かしらの引っかかりがないと「何かあったら相談します」とだけ言われてしまうでしょう。

僕も起業した直後は、「コンサルティングができます」とアピールしていたのですが、マッキンゼー出身の人と比べたら、それだけでは強みになりません。

そこで「営業コンサルタント」に変更し、さらには「短期で売上をつくるプロ」として先鋭化させていきました。

そのように名刺に書いておけば、スタートアップや新規事業担当者など、短期で売上をつくりたい人から選ばれるようになります。

自分らしい肩書きが思いつかない人は、社会で活躍している人がどんな肩書きをもっているのか調べてみるとよいでしょう。

差別化のポイントとしては、「過去」「現在」「未来」の時間軸で自分のオリジナルストーリーを構築すること。僕の場合は、過去が「野球」、現在は「IT／営業」、未来は「教育」です。

起業当初は、サイバーエージェント出身ということでネットビジネスの仕事が多かったのですが、やがて営業の仕事が増え、今は野球関連の仕事や教育関連の仕事をしています。

いくつかのキーワードで自分をタグづけしておくと、相手の記憶に定着しやすくなります。いざというときに思い出してもらえると、仕事につながる可能性が増えるのでおすすめです。ただし、選定したキーワードが相手によりささるよう、状況に応じて進化させていくことが大切です。

自己紹介用のページはウェブ上にも用意しておきましょう。

誰かに自分を紹介するときはもちろん、ほかの人が自分のことを紹介してくれる場合に、URLがあると便利です。その場でスムーズに紹介してもらえますし、メールなどでも送りやすいでしょう。

自己紹介用のページは、本格的なホームページでなくてもかまいません。ブログでもよいですし、ｎｏｔｅやフェイスブック、Ｘ（旧ツイッター）などのＳＮＳを利用してもよいでしょう。

オンライン上でのやり取りが主流になっている昨今、ウェブ上に自分を紹介するページがないと機会損失につながる可能性があるのでぜひ用意してください。

そのほかにも、名刺には「顔写真」「経歴と実績」「今後やりたいこと」などを記載したり、自己紹介のためのパワポ（資料）を用意しておいたりすれば、トークが苦手な人でも無理なく自分をアピールできます。

個人事業主と株式会社の選び方

独立する際、個人事業主かそれとも株式会社にするべきかと悩む人は多いです。

「所得が1000万円を超えたら法人化したほうがいい」とも言われますが、実際にはどうなのでしょうか。

具体的な数字で見ていきましょう。

個人事業主の所得税の税率は所得金額によって変動します。

これを累進課税制度といいますが、たとえば所得695万円から899万9000円までの人は税率が23%になります。また、900万円から1799万9000円までの人は税率が33%です。

ただし控除額も加味しておかなければなりません。

たとえば所得が600万円の場合、所得税は、

「600万円×20%−42万7500円＝77万2500円」です。

このように控除額を差し引いて計算されます。

所得1000万円の場合の所得税は、「176万4000円」、1200万円の場合の所得税は「242万4000円」、2000万円の場合の所得税は「520万4000円」、1億円の場合は「4020万4000円」です。

また業種によっては、所得の3〜5%の事業税がかかります。

一方で、法人税には「法人税」「地方法人税」「法人事業税」「法人

課税される所得金額	税率	控除額
1,000円から1,949,000円まで	5%	0円
1,950,000円から3,299,000円まで	10%	97,500円
3,300,000円から6,949,000円まで	20%	427,500円
6,950,000円から8,999,000円まで	23%	636,000円
9,000,000円から17,999,000円まで	33%	1,536,000円
18,000,000円から39,999,000円まで	40%	2,796,000円
40,000,000円以上	45%	4,796,000円

〔所得税の税率〕出典：https://www.nta.go.jp/taxes/shiraberu/taxanswer/shotoku/2260.htm

住民税」の4種類があります。いわゆる「法人税等」です。

「法人税」の基本税率は23・2％ですが、資本金が1億円以下の法人などは、800万円以下の部分の税率は15％に設定されています。「地方法人税」は、法人税額の10・3％の金額です。「法人事業税」や「法人住民税」も所得金額に応じて税率が定められています。

法人税を計算してみましょう。純利益600万円だと「約146万円」、純利益1000万円だと「約270万円」、純利益1200万円だと「約343万円」、純利益2000万円だと「約637万円」、純利益1億円だと「約3722万円」となります。

この結果からも明らかなように、法人成りをしたからといって税金が安くなるわけではありません。「所得1000万円以上の個人事業主は消費税が免税されない」という理由で法人成りを考えている人も多いと思いますが、インボイス制度の導入でそれも変わりました。

そのため、所得の額で個人か法人化を選ぶのではなく、むしろ「テンション」と「出口戦略」によって判断することが大切です。「代表取締役社長」という名刺をもったほうが気分よく働けるなら株式会社にすればいいし、フリーランスのほうがかっこいいと感じるならそれでよいのです。

あとは、起業のゴールが「株式上場」や「M&A」なのか、あるいは「スモールビジネス」として細く長く続けたいのかなどによって検討するようにしてください。仕事が増え、人を雇って組織化したい場合は、やはり株式会社が向いています。

ちなみに会社設立のための登記などのコストは「25万円」程度です。現在はマネーフォワードや

freeeなどのクラウドサービスを使えば、オンラインでも申請することができます。

仕事は選ぶべきなのか？

独立・起業した後、受注できる仕事が増えてきて忙しくなることがあります。それ自体はよいのですが、受注業務にばかり対応していると、やりたい仕事ができなくなるケースが多いです。

そのようなときは、まず「売上目標」を決めましょう。売上目標には２つの視点で検討します。

１つは年間の売上目標。もう１つは、運転資金を可視化した上で必要最低限必要な月額の売上目標です。これらを明らかにしておけば、地に足がついた売上目標を立てられます。

たとえば、自分の給料を含めた運転資金に毎月１００万円必要なら、最低でもそれだけ入ってくるようにしなければなりません。取引先の数や仕事内容も自ずと決まってきます。やみくもに取引先を広げるのではなく、売上目標を達成するためにどのような会社を付き合えばいいのかなど、逆算の思考が大切です。

ちなみに、売上からは経費や運転資金、税金などが引かれるので、その金額を加味して目標を立てるようにしてください。

目標達成のプランは複数用意しておきましょう。どのような事業をするのかによっても異なりますが、取引先の数をベースにするとわかりやすいと思います。

・プラン１：１社で月１００万円稼ぐ

・プラン2：3社で月100万円稼ぐ
・プラン3：10社で月100万円稼ぐ
「プラン1」は1社で大きく稼ぐパターンで、「プラン2」は3社の合計で稼ぐパターン、そして「プラン3」は10社の合計です。当然、取引先が増えるほど1社ごとの単価は小さくてすみます。

おすすめは、一撃必殺ホームランである「プラン1」です。そのほうが会社を一気に軌道に乗せられる可能性が高まります。それでうまくいかなかったら、第2、第3のプランに移行していけばいいのです。

大きな仕事は先に仕込んでおかないと、都合よくやってこないので、まずは「プラン1」を目指して計画を立てるようにしましょう。

自分の努力だけで達成できる行動目標を設定する

売上目標は、いくら自分が頑張っても達成できないときがあります。相手があることなので、100％コントロールできるわけではありません。

野球にたとえると、いくらヒット性のいいバッティングをしても、そこに野手がいたらアウトになります。一方で、ぼてぼてのゴロを打っても、そこに野手がいなければヒットになるでしょう。

ビジネスも同じで、どんなにすばらしい企画やサービスを提案しても、「他社に決めちゃって」と言われたらアウトですし、たまたま思いついた企画を提案しても「ちょうどそんな企画を求めていたんだ！」と言われてヒットになることもあります。

ですので、売上目標とは別に、自分でコントロールできる「行動目標」を設定するようにしましょう。具体的には「アプローチの件数」や「商談件数」などがあげられます。

売上目標だけ追いかけていると、「今月は達成できた！」「今月は惜しかった、来月また頑張ろう」で終わってしまいがちです。それでは次に何をすればいいのかが見えづらいでしょう。

一方で行動目標を用意しておけば、打開策が見えてきます。行動目標は売上目標を達成するための要素なので、仮に行動目標を達成しているのに売上目標が達成できていなければ、「目標設定自体が間違っているのかもしれない」「もっと高い行動目標を設定しなければ」などと、解決策を検討できます。

結果を出している人ほど、自分ができることを行動目標として掲げ、それを継続することで、自分自身の行動レベルを少しずつ高めています。行動のレベルが上がれば、さらに高い目標設定ができ、結果が出やすくなるという成功のスパイラルに入っていけるのです。

僕自身としては、売上目標にしろ行動目標にしろ、高い目標を掲げることを推奨しています。高い目標を掲げると、掲げた高さに近づくための行動が取れるからです。高い目標を達成するには何をすべきか逆算思考ができるようになり、精度の高い行動ができるようになります。

また、現在は情報のスピードがどんどん速くなっているため、「現状維持」は「衰退」を意味することも認識しておくべきでしょう。「目標は気持ち高め」くらいがちょうどいいのです。

人を雇う前にチームをつくれ

起業後、社員をすぐに雇うのは得策ではありません。

僕も役員から「人が足りないから雇ってください」と言われることがあるのですが、「その前にやれることはたくさんある」と伝えています。

たとえば、仕事の効率化やマニュアル化、習慣化を徹底していけば、同じマンパワーでも生産性は圧倒的に変わります。

働き方を変えた上で、「どうしても人手が足りない」となったら検討すればよいのです。

またおすすめとしては、人を雇用するのではなくチームをつくること。業務委託としてフリーランスの人に継続的に協力してもらえば、チームで仕事をできるようになります。

まずは、自分がしなくてもいい経理や資料作成などの仕事をお願いしてみましょう。

最近ではオンラインの秘書サービスなども増えているため、ネットで人材を見つけることもできます。固定費を払って人を雇わなくても、いろいろな仕事を委託することができるのです。

一方で、「自分がしなければならない仕事」は安易に業務委託できません。そうした仕事は事前にマニュアルを用意しておきましょう。自分の仕事を自分以外の人ができるように言語化しておくのです。「ステップ1」「ステップ2」「ステップ3」などと行動に落とし込んでおくとわかりやすいでしょう。誰が行っても一定のクオリティを担保できるような内容にするのがベストです。

また、専門的な仕事であれば、委託する人の経験も問われます。そのような場合は、同業者のプロと協力してチームを組み、お互いに仕事を融通し合うなどの関係性を構築するとよいでしょう。

同業者と組む場合には、相互にルールを決めておけばトラブルを未然に回避できます。仕事を回せるようになれば機会損失も減りますし、仕事の幅も広がっていきます。

開業手続について

■個人事業主になるための手続

フリーランス（個人事業主）として独立する手続は、税務署に「開業届（個人事業の開業・廃業等届出書）」と「所得税の青色申告承認申請書」をセットで提出するだけです。

開業届は、個人事業の開業を税務署に知らせる書類で、国税庁のウェブサイトには「事業の開始等の事実があった日から1か月以内に提出してください」と記載されています。

実際は、開業時にこれらの書類を提出しないで仕事をはじめても罰則はありませんが、翌年の3月15日までに「確定申告」を行う際に必要になるので、開業時にセットで提出しておくのが望ましいでしょう。

これら2つの書類を提出すれば、青色で確定申告ができます。白色申告に比べて、青色申告は節税面で大きく優遇されているので、ぜひ用意しておきましょう。

また、屋号つきの事業用銀行口座をつくりたい場合、銀行によっては開業届の控えが必要です。

そのほか、会社員から独立した場合、国民健康保険や年金の手続も必要です。これらの事務手続は開業時にまとめてすませ、本業に集中できる環境を整えておきましょう。

■株式会社のつくり方（法人登記の方法）

会社を設立する際は、法務局に対して法人登記（会社登記）をする必要があります。法人登記とは、会社に関する情報を法務局に登録し、一般に開示することです。

株式会社の法人登記の手順は次のとおりです。

①会社の概要を決める

社名、事業目的、所在地、資本金、会計年度（事業年度）などを決めます。

②法人用の実印を用意する

社名が決まったら、会社の実印を用意します。法人口座の開設に用いる銀行印と、請求書や納品書などに押印する角印を用意しておきましょう。

③定款をつくり、認証を受ける

定款とは、会社運営におけるルールブックのようなものです。株式会社の場合は、作成した定款を公証役場に提出して、認証の手続を行います。

④資本金を払い込む

資本金の振込先は、発起人（会社設立までの作業をする人。設立後は取締役を選任して株主になる。1人で会社を設立する場合、「株主＝代表取締役」で可）の個人口座となります。資本金は1円から申請可能です。

⑤登記申請書類を作成し、法務局に申請する

法人登記の申請は、「設立登記申請書」「登録免許税納付用台紙」「定款（謄本）」「発起人の同意書」「代表取締役の就任承諾書」「取締役の就任承諾書」「監査役の就任承諾書」「出資金（資本金）の払込証明書」「印鑑届書」「登記すべき事項を記録した別紙、または記録媒体」などが必要になります。

これらの書類をそろえて、管轄の法務局の窓口や郵送、あるいは法務局の登記・供託オンラインシステム「登記ねっと供託ねっと」から申請します。

法人登記には多数の申請書類が必要なので、司法書士に書類の準備をお願いするのもいいでしょう。freeeやマネーフォワード、弥生などのクラウドサービスを利用すれば、必要事項を入力していくだけで、ワンストップで書類を準備し、オンラインで登記申請することができます。

意外と労力がかかるのが「社名」の決定です。将来的に企業を考えている人は、社名候補をあらかじめメモに書き出しておきましょう。

おすすめは、サービスと一致することです。社名とサービスを一致させることでマーケティング効果が2倍となります。あとで変えることもできるので、サービスがまだであれば「とりあえず」で決めて大丈夫です。

スキルシェア系サイトを使ってみよう

起業に興味はあるけれど、まずは副業からはじめてみたい人、またはどんな起業をすればいいか迷っている人もいると思います。そのような人は、手はじめにネット上の「スキルシェア系サイト」を利用してみてはいかがでしょうか。

【スキルシェア系サイトの例】

・クラウドワークス
・ランサーズ
・ANYTIMES
・ココナラ
・シュフティ
・タイムチケット

たとえば、「文章を書くのが得意」「イラストを描ける」「プログラミングができる」「ウェブデザインができる」「動画編集ができる」などのスキルがあれば、これらのサイトでたくさんの仕事を請け負うことができます。

あるいは、手づくりのアクセサリーなどハンドメイドの商品を販売したい場合は、minne（ミンネ）やCreema（クリーマ）といったサイトを使えば、すぐに自分の商品の販売をはじめることも可能です。BASEなら、手軽にネットショップをオープンすることもできます。

これらのサイトをチェックしてみれば、世の中にはさまざまな仕事の需要があることに気づけるでしょう。起業に向けてスタートを切れない人は、まずはこれらのサイトを利用して、「1円でも稼ぐ」ことからはじめてみてください。

これまで会社からの給与所得しか得ていなかった人は、自分の力でお金を稼ぐことが喜びになり、起業に向けてのモチベーションにつながるでしょう。

副業サイトに掲載する「プロフィール」に関しても、次の点をふまえて考案しましょう。

①過去・現在・未来を語る

「過去」「現在」「未来」について、自分をタグづけするキーワードを盛り込みましょう。「昨年まで○○の業界で○○をしていました」↓「現在は、主力商品の○○の準備中です」↓「ゆくゆくは、○○していきたいです」といった流れが、基本的な構成となります。

②相手に与える変化を語る

「僕、すごいんです」ではなく、「あなたをこう変えます」という、何を相手にギブできるかを盛り込んでいきましょう。「○○に悩んでいる人の○○を解決します」というのがビジネス向きの自己紹介です。

③実績を語る

なぜ自分が相手に変化を与えられるのか。信じてもらえるようなあなたの実績を伝えましょう。

起業直後で実績がない場合は、会社員時代の実績でも、別の業界での実績でもかまいません。あなたが「信頼に足る人物」であることを知ってもらうのです。

④新規性と他者（他社）との差別化

あなたを選んでもらうために、他者との違いをアピールしましょう。その際は、「not A but B」（他者は○○だけど、うちは△△）の論法が有効です。他者と差別化することで、あなたの強みを際立たせていきましょう。これらのポイントを加味して、実際に300文字くらいの文章を用意してみましょう。声に出して練習し、随時アップデートを重ねていくのがよいでしょう。

レッドオーシャンとブルーオーシャン

大きく利益を上げていくためには戦略が必要です。

その業界がレッドオーシャン（競争の激しい飽和した市場）かブルーオーシャン（競争相手のいない成長市場）かをふまえ、行動を変えていく必要があるのです。

たとえば、僕がサイバーエージェントに入社した当時は、スマホが広く普及する前の時代だったので、スマホのアプリを出せばとにかく売れました。完全なブルーオーシャンです。

ブルーオーシャンの場合は、とにかく商品やサービスを出していけば、利益を出すのは難しいことではありません。

一方で、レッドオーシャンで勝負する場合は、マーケットを明確にしなければなりません。「誰に」

「何を」「どのようにして」届けるのかが不明確だと、誰にも届かない商品やサービスになってしまいます。

またレッドオーシャンで勝ち抜くには、企画力や発想力が欠かせません。

たとえば、ソーシャルゲームの世界はレッドオーシャンで、各社ともに徹底したデータ分析をしているからこそ、同じようなゲームが次々に量産されています。その中で大ヒットしているゲームは企画力や発想力が高いです。『ウマ娘』などがよい例でしょう。

ただ、レッドオーシャンで戦っていくのは大変です。才能が求められる部分もあります。そこで勝ち抜くのは難しいと思うのなら、無理にレッドオーシャンで戦う必要はありません。ブルーオーシャンを見つけて、そこで勝負すればいいのです。

「自分の業界にはブルーオーシャンがない……」と思う人は、ぜひ発想を変えてみてください。これまでの経験で培われたスキルを異なるジャンルで発揮することによって、新たなブルーオーシャンを発掘できるかもしれません。

新規事業を生み出す方法

新規事業を開拓する際には、ビジネスの本質に立ち返りましょう。それは「お客様の困り事を解決すること」です。

つまり、お客様の困り事を見つけることが新規事業を開拓し、軌道に乗せるための鉄則と言えます。

そこに伴う商品開発やシステム構築などの仕事は、その道の専門家に任せれば問題ありません。別業種に参入するからといって萎縮する必要はないのです。

大切なのは、どのようにして顧客の困り事を見つけるかということ。想像することも大事ですが、自分で考えるより、顧客候補の人に「話を聞く」のが一番てっとり早いでしょう。

たとえばサーフィンが好きな人が、サーフィンを仕事にしようと考えたとします。

そのようにして自分の価値観を世に送り出そうとするのは、ビジネスではなくアートです。アート性がものすごくレベルの高いものであればビジネスとして成立することもありますが、それは極めて稀なケースでしょう。

その領域でビジネスをしようと思うのなら、サーファーやサーフショップの店員など、関係者に「サーフィンに関する困り事」を聞くのがベストです。

すぐにビジネスにつながる回答を得られるとは限りませんが、「波の状態」や「浜辺の天気」を事前に知ることにニーズがあると気づけるかもしれません。

その結果、「波の状態」や「浜辺の天気予報サービス」を提供するアプリをつくるという発想が生まれます。

ちなみにこのサービスは実際に存在しており、すでにサーファーたちに支持されて成功しています。現場にいる人の困り事を解決した結果、ビジネスとして成立しているのです。

新商品やサービスのアイデアを細部まで具体化できないときは、はじめにプレスリリースをつくってみるとよいでしょう。プレスリリースは本来、商品やサービスができてからメディア向けに公開するものです。サービスの内容や強み、ターゲットなどが明確に記され、リリース後に予測される成果や反応まで詰まっています。サービスの全貌が明確にイメージできるのが、よいプレスリリースです。

そこで新サービスを考案する際に、プレスリリースを先につくると、そのためにはどのような商品設計にすればいいのかが見えてきます。ゴールから逆算して、具体的な商品に落とし込む方法です。この手法は、アマゾンが新サービスを考案するときに、実際に採用しているそうです。

なかなか新サービスを具体化できない人はぜひ試してみてください。

ヒットしやすいサービスとは

提供するサービスは、「1人称」「2人称」「3人称」で考えるとヒットの可能性が高まります。

1人称は「なぜ自分はそのサービスが必要だと思うのか？」、2人称は「身近な人はなぜそのサービスを必要とするのか？」、3人称は「時代の流れと、世間一般の評価」という視点です。

僕の例を紹介しましょう。

今から数年前、新規事業のアイデアとして、クラウドソーシングサービスをつくれないかと考えていました。

1人称の視点で見ると、既存のクラウドソーシングサービスで仕事を依頼したのにすっぽかされたことがあり、現状のサービスに課題を感じていました。

2人称の視点は、妻です。妻はクラウドソーシングサービスに登録したものの、単価が安い仕事ばかりで、かつ値下げしなければ仕事を取れないと嘆いていました。

3人称の視点で見ると、労働人口減少に伴う雇用確保の問題を背景に、クラウドソーシングの市場規模は年々伸びているという状況がありました。

そこで僕は、「1人称」と「2人称」の課題を解決するサービスをつくれば、他サービスと差別化ができ、ヒットを見込めると考えたのです。

そうして「リアルで会うことを前提としたクラウドソーシングサービス」（neconote）を構築しました。

当時はリモートワークが今ほど普及していなかったため、顔を見たことのない人に仕事を依頼することにハードルがありました。そこで、仕事をする人がどんな人なのか互いにわかった上で、オンラインに移行するというシステムをつくったのです。

これならば仕事をすっぽかされる可能性は減り、また受注者の単価を上げることができます。しかもこのサービスには競合が少なかったため、ヒットさせることができたのです。

このように「1人称」「2人称」「3人称」の3つの要素が満たされていると、ヒットの可能性が高まります。1人よがりの企画でないか、流行を追っているだけの企画でないかなど、検証するのに役立ちます。

特に「2人称」は、自分以外の誰か、それもなるべく身近な人のほうがフィードバックを得やすいためおすすめです。

ビジネスの種は「不」の中にある

お客様の悩みをリサーチするとき、注目すべきは「不」の部分です。具体的には「不安」「不満」「不平」といった感情です。

人がお金を出すサービスは、これらの「不」を解消するものであること多いためです。これはリクルート社が企画立案の骨子にしている考え方でもあります。

〈リクルートが「不」を解決している例〉
・タウンワーク：求人情報があちこちに散らばっていて、求める求人情報にアクセスできないという「不満」を解消するために、情報を1冊に集約した
・ゼクシィ　　：高額なホテルウエディング以外の情報がないという「不満」を解消するために、ウエディングの多様な選択肢を提案した

これらの例はわかりやすい「不」ですが、実は人の「不」は顕在化していないことがほとんどです。新しいサービスが生まれてはじめて、それが「不」であるとわかるサービスでも大ヒットが見

込めます。

たとえば、次のようなサービスです。

事例1：Uber Eats（ウーバーイーツ）

Uber Eatsは、飲食店、配達員、消費者を同時にマッチングさせたモデルです。消費者はもともと、お寿司ならお寿司、ピザならピザと、目的を絞り込んで探す必要がありました。しかしUber Eatsなら、出前を特定店舗だけでなく、一括で探すことができます。

飲食店側も、通常の来店者をそのままに、新たな顧客層を宅配で獲得できるというメリットを享受できます。

また、もともと宅配をやっていた店舗は、店舗か宅配か、どちらかに寄せたプロモーションができないという顕在化していない「不満」がありました。しかし、Uber Eatsが代わりに広告してくれるので、宅配における販促を店舗が負担せずにすむようになったのです。

配達を行うのはレストランやUberの従業員ではなく、スキマ時間で収入を得たい個人であることも、働き手の潜在的な要望をとらえたビジネスモデルだといえます。

事例2：退職代行サービス

「代わりにやる」というのは、ビジネスの鉄板です。なかでも「退職を代わりに行う」ビジネスは秀逸でした。退職代行サービスは、退職を希望する人が3～5万円程度の費用を支払うことで、会社への退職の申し出を代行してもらえるサービスです。会社を辞めたいけど、うまく辞められない人の潜在的なニーズをとらえたサービスだといえます。

最近は慢性的な人手不足により、どの会社も採用が難しいため、退職の申し出があると、多少強引な引きとめが行われるケースがあります。そのため、転職先が決まっていたのに退職できないケースや、上司がはぐらかして退職届が受理されないケースもあると聞きます。たとえ退職届が受理されたとしても、転職先の入社日前日まで残務処理に追われ、疲労しきった状態で新たな職場に出社するケースもあるのです。

このような時代の流れを的確にとらえて、退職にまつわる顕在化していない「不安」「不平」「不満」を解消することでヒットしたサービスだと言えるでしょう。

事例3：コンビニコーヒー

今やあたり前となったコンビニコーヒーですが、定着したのは2010年代で、その歴史は実は浅いです。会社勤めの人にとって、出勤前はカフェが開いておらず、自販機の缶コーヒーでは物足りなく、オフィスのコーヒーメーカーも社員みんなの好みを満たすものではない。このような顕在化していない「不満」がありました。

そんな中、コンビニコーヒーはカフェで提供されるような本格的なコーヒーやカフェラテをオフィスで飲みたいという潜在的なニーズをとらえたサービスだといえます。コンビニにとっても、特に都心では店舗数の飽和、ドラッグストアの増加に伴って、客数が減少傾向にある中、コーヒーを来店のきっかけとすることで、来店客数、顧客単価ともに高めることができたのです。

こうした「不」を見つけるには、感性を磨くしかありません。普段の生活の中で、ちょっとした違和感をきちんと言語化し、何が違和感で、どんな状態が理想なのかを探し続けることで感性は磨かれていきます。

違和感に気づいたり不満をもったりしなければ、新しいサービスは生み出せません。自分がユーザーの立場で感じるちょっとした「不満」こそ、普遍的なビジネスの種なのです。

新規の出会いを獲得する方法

新しいサービスをはじめるにあたり、異業種の人からもアドバイスを得るようにしましょう。では、異業種の人とどう知り合えばいいのでしょうか。

コツとしては、気になる人や尊敬する人の、ＳＮＳやブログ、オンラインサロンなどで接触し、率直に「会いたい」と申し出ること。

はじめはなかなか会ってもらえなくても、ネット上で頻繁にコメントをしたり、イベントやセミナー、交流会などに積極的に参加したりすれば、やがて顔を覚えてもらえるはずです。

そこから先は、「リアルでの接触回数を増やす」ことを意識しましょう。

会いたい理由を率直に伝えれば、前向きな返答をもらえる可能性が高いです。相手が経営者なら、「あなたの仕事を尊敬している。僕はビジネスをはじめたばかりでわからないことが多い。だから、学ばせてほしい」と伝えれば、少なくとも悪い気がする人はいないはずです。

ただし、関係性が浅いうちは、ビジネスの話などもしにくいと思います。そのようなときは、相手について徹底的に調べた上で、関係性を深める努力をしましょう。

ＳＮＳやブログを読み込み、相手の価値観や興味を予習するだけでも、深い話をしやすくなるはずです。当然、ビジネスの勉強にもなります。

そして対面時は、名刺や自己紹介資料を駆使してあなた自身に興味をもってもらうようにしてください。距離が縮まれば、ビジネスの相談もしやすくなりますし、有益なアドバイスをもらいやすくなると思います。

ちなみにＢtoＢの商品やサービスなら、将来の顧客候補になる可能性もあります。営業と同じように、異業種の人との出会いもビジネスの一環としてとらえておけば、自然と開拓できるようになるはずです。

「非同期」のサービスを検討する

イマドキのビジネスは「非同期」が主流です。

非同期とは、ユーザーと同じ時間を過ごさなくても成立するビジネスこと。たとえばウェブコンテンツがマーケティングで機能するのは、非同期で24時間稼働することができるからです。

ウェブは24時間、あなたが寝ている間も開店状態です。だから、さまざまなユーザーとの接点が増え、機会損失を防ぐことができるのです。ウェブサイトだけでなく、ユーチューブなどの動画サービスがわかりやすいと思います。

加えて、トレンドも加味することが大切です。

たとえば、オープンＡＩの「チャットＧＰＴ」や「ＧＰＴ４」などの対話型ＡＩ（人工知能）のシステムをサービスに導入するなどの発想があります。すでにチャットＧＰＴをサービスに活用しようとする動きは、世界中のＩＴ企業ではじまっています。

事実、マイクロソフトは「エクセル」や「ワード」、「パワーポイント」などの業務用ソフトに対話型ＡＩを搭載しています。

具体的には、エクセルに「業績を分析して」と打ち込むだけで、数秒で売上高や原価などの情報がまとめられたり、「グラフをつくって」「利益率の高い商品に色をつけて」と指示するだけで、きれいなグラフをＡＩが自動的につくったりするサービスです。

ワードやパワポでも、対話型ＡＩに大まかな内容を指示するだけで、プレゼン資料や企画書の下書きをつくってくれるといいます。

マイクロソフト以外にも、グーグルやセールスフォース、スラックやＺｏｏｍなど、名だたる大企業が対話型ＡＩを自社サービスに導入すべく現在しのぎを削っています。

ちなみに「チャットＧＰＴ」や、高機能バージョンの「ＧＰＴ４」は商用利用が可能です。有能なシステムエンジニアがいれば、チャットＧＰＴやＧＰＴ４を利用した新サービスを開発することは決して難しくありません。

日本のマーケティング会社のオプトは、すでにチャットGPTを利用した広告文制作ツールを開発しています。そのツールでは、キーワードやブランド名、ターゲットなどを入力するだけで、チャットGPTが広告テキストを大量につくってくれ、広告効果の予測までしてくれるそうです。人だけの作業では広告制作に2時間かかっていたのが、このツールを利用すると30分ですむといわれています。

起業する業界の市場規模を調べよう

新しい業界に参入するときは、業界の市場規模や動向を調べるようにしましょう。マクロの視点とミクロの視点、両方から調べることが大切です。

たとえば、人材紹介ビジネスの市場規模は3000億円～4000億円、企業の研修市場は5000億円です。つまり、研修市場で1％のシェアを獲得できたら、50億円の売上を見立てることができます。

このように「マクロの視点」から全体を見ることで、天井の高さがわかり、自分が何％のシェアを狙っていくのか大まかな指針を立てることができます。

一方で、人材紹介のビジネスがマクロ的には伸びていても、なんら採用に困っていない業界もあるでしょう。また、ある特定のビジネスセンスをもつ人材を探しているケースもあります。たとえば銀行は、人員削減を進めていますが、同時にこれまでになかった発想をもつ人材を求めています。

このような個別のニーズを知るためにも、「ミクロの視点」からも市場について調査していくべきでしょう。

市場規模に関しては、インターネットで「○○市場規模」と検索すれば出てきます。まとめサイトもありますが、情報が古くなっているケースもあるので、より正確な情報を知りたければ、官公庁が独自に調査したレポートを参照するのがオススメです。

経済産業省の「工業統計調査」や財務省の「法人企業統計調査」、総務省の「情報通信白書」などが有名です。自分の知りたい情報がどこの官公庁の管轄か不明な場合は、政府統計の総合窓口e-Stat（https://www.e-stat.go.jp/）から目当てのデータを検索することができます。

また起業するにあたっては、さまざまなビジネスモデルを勉強しておくことが大切です。ビジネスモデルを理解していると、経営目線で物事を考えられるようになります。

お客様がどこに投資しようとしているか、自社の商品やサービスはその施策に寄与できるか、お客さんと同じ視点になって考えられるようになるのです。

ビジネスモデルを理解する上で役に立つのは、自分が使っているサービスの○○版だな、というとらえ方です。このサービスは「メルカリの○○版」といった理解をすれば、ビジネスモデルをとらえやすくなると思います。自分のサービスを紹介するときも、そのように端的に喩えれば、お客さんに理解してもらいやすくなるでしょう。サイバーエージェントは設立当初、「インターネットの電通」という言い方をしていました。

ビジネスモデルは書籍でも理解を深めていけます。おすすめの書籍は『プラットフォーム革命』（英治出版）、『業界地図』（東洋経済新報社）、『ビジネスモデル2・0図鑑』（KADOKAWA）などです。

野球とビジネスの共通点

野球とビジネスは、「確率論的な考え方」をすべきである点も似ています。野球における打率や防御率などと同じように、ビジネスにおいても、営業の成功率をいかにして上げるか、失注率をどうやって下げるかなど、常に数字と向き合う必要があります。

前提として、野球でもビジネスでも成功率100％はあり得ません。あのイチロー選手ですら、通算打率は3割程度です。どんなスタープレイヤーでも、10割ヒットを打つことは不可能で、7割は凡打《ぼんだ》に終わっています。

ビジネスでも同じことがいえます。すべての打席でヒットを打てる人などどこにもいません。それでも、ヒットを量産しているように見える人がいます。

ヒットを量産するための方法はただ1つです。

とにかく打席に立って、バットを振ること。仮に打率が高い選手でも、打席に立つ回数が少なければ、ヒット数は少ないままです。一方で、仮に打率が平凡だったとしても、打席に立つ回数を多くすれば、ヒット数で上回ることができます。

野球では打席数を自分の意志で増やすことはできませんが、ビジネスなら可能です。つまり、ビジネスにおいては、とにかく打席数を増やすこと。これがヒット数を増やすための有効な手段だといえます。打席数を増やし、経験を積んで、ダメな部分を改善していく。そうすれば、自ずと打率（成功率）も上がってくるでしょう。

また、初対面の相手を攻略する場合にも、野球の考え方は役立ちます。野球では打席に立つ前に、相手のピッチャーの特徴を分析します。「初球はストレートが多い」「フォークが決め球」といった情報をインプットしますが、打席に立つときは事前情報を忘れて、頭をクリアにすることが大切なのです。そうしないと、「頭ではわかっているのに動作が追いつかない」ことになってしまいます。

ビジネスでも同様で、相手のデータをインプットすることは必要ですが、対面の場で資料ばかりを見ているようでは成果が出ません。状況に合わせた返答ができなければ、相手からの信頼を得ることはできないでしょう。

事前情報のインプットは大切だけど、現場ではオープンスキルでの対応が求められます。そのスキルを磨くためにも、やはり「打席数を多くする（たくさんの人に会いにいく）」ことが必要なのです。

アイデアに価値はない

起業の相談を受けていると、「このアイデアは誰にも言わないでほしいのですが……」と言われることがあります。

相談者からすれば、誰かに真似されることが心配なのでしょう。起業の世界は先手必勝です。どんなアイデアも、先にかたちにした人が多くの実りを得ます。

ただ残念ながら、本当に価値のあるアイデアなどほとんど存在しません。あるとすれば、すでに実現されています。

極端な話、あなたが思いついたアイデアは、すでに1万人ぐらいの人が思いついていると考えたほうがいいでしょう。それが現実です。

そのアイデアがビジネスとして結実していないとしたら、何らかの問題があるのでしょう。技術的な問題かもしれないし、制度上の問題かもしれません。いずれにしても、実現されていない理由があるはずです。

そう考えると、アイデアを自らの内に溜め込んでおくこと自体、無意味なのだとわかります。アイデアそのものには価値がないのだから当然です。

であれば、アイデアはむしろどんどん発信していったほうがいい。発信し、反応を得て、より高いレベルのアイデアへと育てていくべきでしょう。

また、アイデアを発信することで、自分の思考力も高まっていきます。他人の反応から学びを得て、より確度の高いアイデアへと昇華させられるのです。それこそ、生産的な活動と言えるでしょう。

僕がサイバーエージェントに勤めていたとき、ある同期がアプリを開発しました。そのアプリは申請に引っかかってボツになったのですが、その話を聞いた別の同期が、音声だけを譲り受けました。そして、１０００万ダウンロードのヒットアプリを生み出したのです。

この事例から言える教訓はこうです。アイデアに価値があるのではない。そのアイデアをどういかすのか、つまりアクションにこそ価値があるということです。

世界最大のソーシャルメディアであるフェイスブックもそうです。もともとは、創業者であるザッカーバーグの先輩が発案したとされています。しかし、それを大きく展開させたのはザッカーバーグ本人でした。

アイデアに価値はありません。この教訓を胸に刻んでおきましょう。

意思表示をすると、情報が近づいてくる

コミュニケーションは双方向のやり取りです。いくら「この情報が欲しい！」と思っても、相手がそれを提供してくれるとは限りません。相手には相手の、伝えたいことがあるからです。

では、どうすれば自分がほしい情報を引き出せるのでしょうか。ポイントは「意思表示」にあります。自分がほしい情報に関することを、思うだけでなく、明確に伝えるのです。

自分が求めている情報を表示することで、情報の解像度が上がります。つまり、自分がどんな情報を求めているのかをクリアにできるのです。

たとえば僕の場合、「学問をつくる」と言い続けています。そうすると、直接的・間接的に教育事業に携わっている人との出会いが生まれていきます。

もし月に１００件の新しい出会いがあったとしても、何ら意思表示をしなければ、単なる１００

件の出会いで終わってしまうでしょう。

しかし、「学問をつくる」という意思表示をしていれば、100件中どれだけの人が教育関連の事業に携わっているのか認識できるようになります。

結果的に、高校生向けの選択必修科目をつくることができ、教科書をつくることになりました。意思を発信し続けると、現実が近づいてきます。

意思表示をした結果、もともとのつながりから有益な情報がもたらされることもあります。昔から知っている人が、「その分野に詳しい人を知っているよ」などと、紹介してくれる可能性もあるでしょう。

また、意思表示はアンテナの感度を高めることにもなります。「クルマがほしい」と言うだけで、自分好みのクルマを目で追うようになりますし、テレビや雑誌を見ていてもそのクルマに関する情報が自然と目につくようになります。

僕の場合はバイクだったのですが、「バイクに乗りたい」と意思表示して免許を取得したら、身近にあるバイクの情報がどんどん入ってくるようになりました。やがて、エンジン音を聞くだけで、どのメーカーのバイクなのかわかるようにまでなったのです。

このように意思表示をすることで、情報の解像度は上がります。思うだけでなく、誰かに言ったり、ブログやSNSで書いたりなど、外に向かって発信していきましょう。

普段のコミュニケーションが、情報への感度を変えるのです。

起業＝社長ではない

「起業」と聞くと、多くの人が「社長＝起業家」をイメージします。
しかし、全員が社長になる必要はありません。
むしろ、起業を成功に導くには、社長だけでなく、さまざまな役割を担う人々が協力し合うチームが不可欠です。
野球ではチーム全員が投手にならないように、ビジネスでも全員が社長になる必要はありません。

野球でも「ポジション特性」があります。
それぞれに必要なスキルや適性が異なります。
たとえば、投手は強い精神力と投球術、捕手はチーム全体を見渡し指示を出す力などです。
打力のある選手が、必ずしも守備で活躍できるわけではありません。

会社経営においてもポジションがあり、それぞれが欠かせない存在です。
個々の強みをいかしてチームを構築することが重要です。

起業も「団体競技」としてとらえると、以下のように考えることができます。

「投手型」：リーダーとして方向性を示し、プレッシャーの中で決断する人。CEOにあたる役割。起業の「顔」としてリスクを取る責任感と、冷静な意思決定が求められます。

「捕手型」：全体を把握し、戦略をサポートする人。COOや参謀役。チーム全体を俯瞰し、適切な助言や戦術を提供する役割。社長を支えながら現場をコントロールします。

「打撃型」：収益を生み出す前線のアタッカー。営業やマーケティング担当。市場と直接向き合い、売上を伸ばす役割。得点源としてチームを支える存在です。

「守備型」：リスク管理と安定化を図る人。財務・経理や法務担当。ビジネスを守りながら、チームが安定してプレーできる仕組みと環境を整えます。

「外野型」：広い視野で新たなアイデアや可能性を探る人。研究開発やプロダクトデザイン担当。遠くを見る視野の広さが求められ、将来を見据えたイノベーションを生み出します。

第５章　お金持ちになるために

僕の経歴とお金の話

第5章では「お金」に関することについて解説していきます。参考までに、僕自身がどのようにして成長し、そして「お金」を稼いできたのか。これまでの経歴をもとに紹介させてください。

■野球少年時代

僕の原動力は「成果を出す」ことへの強いこだわりです。その原点は、人生のほとんどを野球に捧げた少年時代にあります。

野球をはじめたのは小学1年生からです。最初は兄や友人の影響で「やらされていた」だけでした。監督やコーチに反抗し続けていると、「あっちゃんは問題児だ」「あっちゃんと遊ぶとバカがうつる」と、親御さんの間で噂されていました。相手が大人であろうと納得のできない指示命令を聞くことができなかったのです。

それで一度は野球から離れました。しかし平日の夕方や土日に何もすることがなく、周りの友人は習い事に忙しくなり、次第に友人と遊ぶ機会も減って1人の時間が増えました。野球は辞めたはずだったのですが、いつの間にかバットを手に素振りしている日々でした。

いつものように素振りをしていると、幼馴染の福田くん（現：中日ドラゴンズ）の親父さんに声をかけられました。「あっちゃん、野球やりたいならグランド来ない？」。僕は迷わず頷き、一緒にグラウンドに連れて行ってもらいました。

私服のまま代打として出場し、ライト前ヒットを放ちました。その流れで再び野球をすることになりました。少年野球と中学シニアリーグでは福田くんとバッテリーを組み、横浜市屈指の強豪チームのエースとして成長することができました。

中学時代は2度の全国優勝を果たし、日本代表にも選ばれました。高校時代は、競合ひしめく神奈川県大会を勝ち抜き、45年ぶりの甲子園出場を果たしました。憧れだった甲子園のマウンドに立つことができたのです。

しかし、同世代の田中将大選手ほか、のちに「88世代」と言われる多くのスタープレーヤーの存在を目のあたりにし、ケガも重なってなかなか登板機会を得られず、徐々に野球でプロになるのは難しいと感じるようになりました。

■慶應義塾高校時代

同時期に、父親の事業が行き詰まって家計が苦しくなりました。

父は、平成初期から数年でバブルが弾け、その煽《あお》りをもろに食らった不動産業を営んでいました。家庭内での意思決定は常に「お金がない」という前提で進められていました。そのため経済負担の比較的少ない公立高校への進学を希望。兄も公立高校である川和高校でキャプテンを務めていたこともあり、僕も同じ道を進むのだと思っていました。

ただ、中学時代、全国優勝を2度経験したエースピッチャーだったこともあり、野球仲間たちが私立の強豪校への進学を早期に決めていた中、迷いもありました。当時、慶應義塾高校が推薦制度を開始したばかりで、全国からシニア・ボーイズの成績優秀者が集まってくるという噂を耳にし、説明会に足を運ぶと本当にすごい選手たちが集まっていました。

慶應義塾高校は、兄のいた川和高校とも毎年練習試合を行っており、兄が家で「慶應の野球はすごい」と目を輝かせて語っていました。少年野球時代、はじめて目にした高校野球の試合も、1997年「桐蔭学園VS慶應義塾高校」でした。当時の野球ノートに「KEIOの選手たちはユニフォームの着こなしがかっこいい」と書いていました。何かと縁を感じていた慶應義塾高校、受からないと思うけど、受かったら行かせてほしいと親に伝え、了承を得て合格し、進学を決断しました。

慶應義塾高校は、裕福な家庭の子が多く在籍していました。そんな中、自分は部活帰りに仲間と一緒にメシに行くお金もなく、100円玉を握り締め、コンビニで500mlの牛乳パックを買い、一気飲みして帰る日々でした。

念願の甲子園出場時も、記念にグローブを新調する仲間の姿を横目に、親が泣けなしのお金で買ってくれたベースマンの1万円の福袋に入ったぺらぺらのグローブでマウンドに上がりました。友人・知人からはバカにされました。恥ずかしかったけれど、親が朝昼晩と、文字どおり命を削って働いてくれていて、そのお金で買ってくれたグローブを使わない選択はできませんでした。

そんな背景もあり、大学進学もあきらめていました。通常、付属高校の生徒は、慶應義塾大学に進学することが多いのですが、進学をしてよいものかどうか悩みました。

高校３年生の夏、最後の試合の夜、母親から「大学での野球はあきらめてほしい」と言われました。母親の目に涙が浮かんでいました。ギリギリの状態なんだと察しました。自分の実力不足もありましたが、これも運命だと思い、受け止めました。

部室から野球道具をもち帰り、２日後にアルバイトの面接を入れ、３日後から働きに出ました。８月頭に現金で給料をいただきました。その額１万８０００円。１万円札と、お札が何枚も自分の財布に入ったときの感動は、今でも忘れません。それまで感じたことのないゾクゾクする感じがありました。

自分の働きが評価されたこと、感謝されたこと、それが現金で提示されること。８月は学校もなかったのでアルバイトを入れてもらえるだけ入れてもらい、10万円近く稼ぎ、原付免許を取り、中古のスーパーカブを買いました。野球やっていた頃とは違う人生の楽しみを見出した気がしました。

母親は引き続き朝から晩まで働きに出て、兄もまた大学を辞めて働きに出て、新聞配達の仕事を朝晩やりながら家計を支えてくれました。僕の高校時代の学費までまかなってくれたのです。母親からは「家計を理由に進学をあきらめるな」と言われました。家族の応援があってひらかれた道。早く一人前になって稼いで、早く恩返ししなければ。そのためにも早く偉くなって、早く稼いで、家族を満たさないといけない。人生を生き急ぐ必要がありました。

■慶應義塾大学時代

大学での野球の道が閉ざされかけていた中、高校卒業間近の冬に準硬式野球の勧誘をいただきました。「学業とアルバイトと並行してできる本格的な野球部がある」という話にぴんときたのです。プロ野球選手になるわけではないのに、せっかく野球を続けさせてもらえるなら、社会に出てすぐにいかせる力を身につけたい。

無論、硬式野球部がその力が身につかないわけではないのですが、経済条件的に入寮してアルバイトができない道は選択できなかった自分にとって、これ以上ない選択肢でした。迷わず「体育会準硬式野球部」への入部を決めました。

ただ、さまざまなバックグラウンドをもった野球人が集まる組織において、チームの統制を取るのは至難の業でした。僕自身、野球では日本一を目指すこと以外したことがなかったので、目標が明確でないまま一生懸命に取り組むということができませんでした。そこで、2年次から学生コーチを名乗り出て、監督的役割を担うことになりました。

創部以来初の学生コーチ職、ましてや下級生ということもあり、先輩だけでなく、OBの方々周囲の反対もありました。が、事実優勝から遠ざかっているチームにおいて、何かを変えなくてはいけない。自分が先頭立って結果で示すしかないと決意しました。部の体質改善、有力選手のリクルーティングや、データに基づいた戦略・戦術設計を徹底的に行い27年ぶりのリーグ優勝、全国大会出場・ベスト8という成果を上げました。

同時に行っていた大学での研究活動でも結果を出そうと必死でした。野球だけをやる選択をしていない以上、学業での結果を出せなければ学費が無駄になると考えていました。メディアセンター（図書館）の書籍と論文は借りられる上限まで借りて読み込みました。期日に間に合わないものは、全文コピーをして家にもち帰り、読み込みました。当時は「将来は大学教授になる」と目標を定め、野球部の活動のほかに、人工知能／認知科学の研究に没頭。所属ゼミ史上初、学部生として認知科学会、人工知能学会それぞれで発表を行いました。

学会発表を続ける中で、自分の研究をどう社会にインストールするのか、悩みました。結局のところ、研究室で議論を重ね、論文にまとめたところで、実社会に影響は与えられていないということにモヤモヤを感じていました。このまま順当なルート（学士⇩修士⇩博士⇩非常勤講師⇩常勤講師⇩助教授⇩准教授⇩教授）を進むのか否か。

即物的な研究結果、ありきたりな結論を出すことに意味はないことはわかっていました。しかし、さっさと奨学金を返したい、親にわかりやすく恩返しをしたいという思いを、早期に達成しなければならないという焦りがありました。

社会人になった瞬間から爆発的に稼ぎ、「返すものを返してから綺麗事を語りたい」「やりたい研究に取り組みたい」と思いました。そんな時に、ＤｅＮＡの南場さん（当時社長）が授業にゲスト講師として来てくださり、そのパッションに心を動かされ、ＩＴベンチャーであれば早期に活躍ができそうだと思い、その先の独立起業も見据えてサイバーエージェントの入社面接を受け、内定をいただきました。

■社会人時代

内定先のサイバーエージェントで、入社前に子会社が立ち上がることを聞きつけ、まだ学生ではありましたが、参画を志願しました。グループ会社の事業内容は、2010年当時、国内ユーザー数5％もなかったスマートフォン向けアプリの制作会社でした。

これから大きくなる組織が一番楽しいし、自分自身がそういった成長環境でこそ活躍できることを、これまでの野球部時代の経験から理解していました。

社長含め4人しかいない会社で、とにかく売上をつくらなければはじまらない。必要に迫られて、訳もわからず働きました。日中は先輩の営業に同行。渋谷の書店で業界マップの本を買って来て、夜中に営業先リストを独自で作成。家に帰る間もなく、朝からテレアポをし続ける日々。アポが取れたら、自分で営業資料をつくって訪問、宿題をもらい、その週のうちに提案。社内は全員出ずっぱりなので、提案内容も自分で考え、提案に行き、帰社途中にリストを再度つくり直し、オフィスに着いたら、時間が許す限りテレアポ。

誰も何も教えてくれない中で、身1つでビジネスを創り上げていく感覚を磨けたと思います。そして初受注。お客様はサンリオ様（のちにサンリオ社の社長に、高校時代の同級生が就任することになるとは、この当時思ってもみませんでした）。

初受注の翌週、２０１１年3月11日、震災を機に状況が一変。各社、アポがキャンセルされ、世の中が固まった感覚を得ました。このタイミングで事業モデルをピボット（事業転換）しました。とはいえ、自社受託開発の営業がしづらくなったため、自社サービスを開発することにしました。自社のエンジニアリソースはなく、資金力もなかったため、他社からＭ＆Ａで譲渡いただき、一定期間のレベニューシェア（粗利を50％折半する）というかたちでメディアサービスを譲受しました。

そのサービスが大ヒットしました。当時、スマートフォンアプリの広告サービスの1番手がいない中、ほぼ一強だったこともあり、とにかくアプリを掲載すれば儲かるという状況でした。文字どおり寝ないで働きました。前年までグラウンドで真っ黒に焼けた肌は、オフィス内で太陽の光ではなく、パソコンのブルーライトを浴び続けることで、真っ白になっていました。

その甲斐あって、所属管轄の新人賞を獲得し、2年目には担当サービス合計１０００万ダウンロードを突破しました。その実績を携え、入社3年目には別のグループ会社の営業部長に抜擢されました。浮き沈みはあったものの、結果に関係なく自分ができることに注力するというスタンスを変えませんでした。結果が出ない時にこそ、振り返りを行うことを決め、自社サービスでもあったアメブロに「心境」と「考えていること」を書き続けました（これがこれまでの20冊の著書の原型にもなっており、著名人公式ブロガーにも認定いただくことになりました）。

しかし営業部長を任された会社は業績が低迷しており、早期に売上をつくらないと潰れてしまいそうなほど切羽詰まっている状況でした。ソフトウェアサービスを開発したものの、不具合も多く、営業が非常に難しい状況でした。営業して受注しても、サービス提供開始後、お客様から怒られまくる、でも売上をつくらなければならない。それを経営会議で報告すると、「営業部長がそんな姿勢では売れるわけない」と罵《ののし》られる。しかも当時の社長は自分より年下。屈辱でした。

どうしたものかと悩んでいました。そのときに、たまたま読んだ本（『至高の営業』）に「営業の仕事は、お客さまのもとに足を運ぶことだ」と書かれていました。僕はビジネスにおいて最も大切なことに気づかされました。それから、僕はとにかく愚直に、お客さまのもとに足を運ぶことに決めました。

お客様の悩みを正確に把握し、そのとおりサービスをつくれば、必ず受注できる。そして、社内の開発チームにも正確な指示ができる。そのことに気づき、月に100件はお客様と話すことを自らに課しました。

オンライン商談なんて概念がない2014年－2016年、訪問のみで24か月以上、100件アポを続けました。社内の受注ギネスを何度も更新しました。途中、肩書きは「取締役」に変わりました。が、100名そこそこの会社だったこともあり、引き続き現場にも出続けました。

とにかくお客さまを訪ねては、「トイレ掃除でも、何でもやらせてください」と言って回りました。サービス紹介の前に、自分のスタンスと生き様を示すことを心がけました。

さすがにトイレ掃除は受注できませんでしたが、その出会いをきっかけに、ビジネスの相談をしてもらえる関係を築けました。アポに行くたびに相談の内容が深くなる。そこで聞いた悩みに直接答えられる提案をもって行ったら受注できる。受注の方程式を見つけることができました。

そのときに気づいたのは、お客さまの悩みはググっても絶対出てこないということです。お客様が何に困っているのか、何を求めているのかは、お客様自身もわかっていない。聞き出してあげないと、顕在化しないという事実です。

しかし、初対面でいきなり本音を話してくれるほど甘くもありません。何度も会話する中で、宿題をもらい、その宿題（期待）に応える中で、信頼関係が構築されます。次第に、本音の相談をしてもらえる関係性になります。

一方ちょうどその頃、父親が亡くなりました。２０１４年12月のことでした。両親はとうの昔に離婚しており、家族はバラバラでしたが、親父の最期をきっかけに、再び家族５人集まることが叶いました。３人兄弟それぞれが所帯をもち、それぞれの近況を語り合うその時間は、とても温かい時間でした。厳しい人生を送って来た親父の表情もどこか優しかったことを覚えています。62歳でした。人生は長いようで短い。年末、河口湖辺りの民宿に閉じこもり、60歳までの未来計画を立て、初日の出とともに、独立起業を決意しました。

■独立・起業、そして現在

最初の起業は、サイバーエージェント時代の同期と3人で立ち上げました。自宅マンションを売却し、あらゆる退路を絶って臨みました。僕のもっているありとあらゆる人脈と、前職時代の信頼をすべてお金に変えました。サービスもなく、とにかくもっている知識や知見をお金に変えました。

初速好調に見えたものの、半年後、僕はその会社の取締役を退任しました。言葉に表せない違和感が拭《ぬぐ》えず、自分のワガママで退任したのです。

すべてを失いました。勢いよく「独立しました！」と宣言し、半ばご祝儀として発注をお預かりした方々を裏切るかたちになり、目の前が真っ暗になりました。貯金もなく、来月以降の売上が全くない中、再び会社を立ち上げることにしました。

限りある人生の中で、仕事と家庭を分けてわずかな時間を家族と過ごすよりも、奥さんと一緒にビジネスをしてしまったほうが効率よいかもと思い、奥さんを取締役として登記することにしました。思えば、親父も母親と一緒に会社をやっていたことを思い出しました。

2度目の起業をするにあたって、細かく事業計画を立てたわけではありません。もっとも、そんな余裕はありませんでした。最初のＢＰＯ事業は、会社員時代に培った「お客さまの困り事にひたすら応える」ことを積み重ねた結果、自然と生まれた事業でした。その事業にサービス名をつけようと、「neconote（ネコノテ）」と命名してくれたのは奥さんでした。

この事業は順調に伸び、当時は珍しい「クラウドソーシング」×「サブスクリプション型」のビジネスモデルは注目を集め、上場企業（ショーケース社）へのＭ＆Ａが決まりました。その後、自分の会社ごとジョイン（参加）することになり、2度目のＭ＆Ａ、そして同社の取締役として上場企業の経営にも携わらせていただくことになりました。

２０２０年には、営業支援会社のＤＯＲＩＲＵ（旧ギグセールス）をＭ＆Ａ。２０２３年にはプロ野球独立リーグ香川オリーブガイナーズ球団の代表取締役社長に就任しています。

現在は「学問をつくる」活動として慶應義塾高校、鎌倉学園高校で講師（ビジネス探求／実践講座）を務めつつ、経営にあたっています。

ちなみに、大学卒業から10年後の２０２１年、母親に横浜元町に一戸建てをプレゼントしました。親父への親孝行はできなかったので、代わりに毎月お墓に顔を出し、近況報告をするようにしています。生きているうちに会わせることができなかった、自分の息子たちを連れて。

■「お金持ちになる」とはどういうことか？

以上が、僕の簡単な経歴です。振り返ってみると、人生の節目節目でお金を稼ぐための「原動力」が培われていることがわかります。

それらは必ずしも予期されたものではなく、またそのすべてが計画的に生み出されたものではありません。しかし、一貫して「成果を出す」ことへの強いこだわりをもって行動してきたことは確かです。そこに継続して成果を上げられた理由があります。

プロ野球選手をあきらめてもなお、年収１０００万円を実現したいと思うのなら、ぜひあなた自身を振り返って棚卸し、あなたなりの一貫性と原動力を見つけてください。

それがあれば、あとは、これから紹介する「方法論」をきちんと理解し、継続的に行動して成果を出し続けることで、お金持ちの道を歩むことができるでしょう。

資産家のパターン

資本家になるには、「相続」「土地持ち」「株式上場・売買」「投資」など、いくつかのパターンしかありません。最も手っ取り早いのは「土地持ちの家に生まれること」でしょう。しかしそれは自分でコントロールできず、「資産家のパートナーと結婚する」などの家族戦略が必要です。

それ以外の方法としてあげられるのは「レバレッジ」です。実体の利益に掛け算を効かせて、現金化する方法です。僕が行ってきた方法がこれで、独立・起業して会社を大きくし、M&AやIPOによって資産形成するものです。

特別な条件がない状態でお金持ちを目指すには、レバレッジを効かせるためにも、ぜひ独立・起業を検討してみてください。そしてそのための準備をはじめるのです。

僕の場合も、事前の準備をしていました。

実は、二子玉川に自宅を購入して売却したときに1000万円程度の利益が出て、そのお金があったから独立資金を確保できたという事情はあったのですが、それより前に「副業」によって独立の準備をしていたのです。

当時、BtoBのソフトウェアからASPサービスまでを担う「SaaS」というサービスをつくっていたのですが、それを販売していく中でお客様の困り事を聞き、「人が足りていない」「客を紹介してほしい」などの要望に応えていたのです。

最初はお金を得るつもりがなかったのですが、感謝されて喜ばれ、「どうしてもお金を払いたい」ということで受け取っていたかたちです。それでも、独立のための軍資金が準備できたことは大きかったと思います。

独立・起業してからは、株式などの投資よりも自分で会社を大きくしたほうがはるかに早いと気づきます。株が2倍や3倍になるのを待つよりも、１００万円で会社をつくって1億円で売却するほうがスピードも早く、かつ効率的だとわかったのです。資産運用するにしても、種銭《たねぜに》が大きくないと、運用益は大きくなりません。

同じ年間５％の利回りでも、１万円の投資だと５００円。1億円投資すると５００万円です。僕がそれを繰り返してきたことは、経歴のところでも紹介したとおりです。

ちなみに、起業と売却を繰り返す際には「ロックアップ」に注意が必要です。つまり「売却後、数年間は同じ事業をしてはいけない」という契約ですが、それを回避するにはコツがあります。具体的には、異なるビジネスを立ち上げつつ、動作としては同じことをすることです。

たとえば、僕がこれまで行ってきたクラウドソーシングや人材紹介、YouTube制作、営業代行などはすべて「営業力」で実現しています。自分の営業力で採用もし、自分の営業力で売却してきたのです。それぞれ違う事業ですが、動作は同じです。

そのように工夫することで、何度もレバレッジを効かせながらお金持ちを目指すことができます。

時間とお金（投資の考え方、資産とは何か？）

稼いだお金を貯金するか、それとも経験資産を買うか。どちらを選択するのかによってあなたの未来は変わります。経験資産を買うことは人生における〝投資〟であり、成長のために欠かせません。考え方としては、起業も同じです。

一般的には受託仕事をしてから新規事業をつくることが多いと思いますが、受託仕事の比率を減らすために借り入れをし、何らかのサービスをつくるのも1つの選択です。

一方で、注意点もあります。

よくあるのが、信用情報に傷がついているケースです。「支払いが滞っていまして……」「キャッシングしてまして……」などの状況があると、会社としても融資してもらえません。信用情報に情報が記録されているためです。

そうならないよう、あらかじめ「信用をつくる」という点は理解しておいたほうがよいでしょう。「借りたお金は期日どおりに返す」「返せないと思ったら早めに対処する」などの行動をとり、CICなどの信用情報機関に記録されないようにしてください。

僕の場合は親がそうだったので、大人になってからもよく注意していました。逆に親が立派な人だと、そういうことを知らないまま社会に出ることになり、気がついたら借金ができなくなる可能性があります。そうなると、本当にお金が必要なときに借りられません。

もちろん、借り入れ自体が悪いのではありません。必要なときには融資を受けて、事業を大きくしていくことも必要です。

たとえば、僕も奨学金を借りて大学に進学しているのですが、金額としてはざっくり４００万円ほどでした。それも1つの選択です。大学に行かずにその4年間でお金を稼ぐのか、それとも先にお金を借りて大学で学び、それから社会に出て稼ぐのか。どっちがよいのかという話です。

特に18歳から22歳は多感な時期であり、価値観も変わりやすいので、我慢するより借りてしまって後から返したほうが合理的だと思います。つまり経験資産を買うわけです。

事業においても同様で、１００万円借りて創業し、1億円の会社にできればいいわけです。そのように借り入れが経験資産を買うための有効な手段にもなり得るのだと認識しておきましょう。

コラム：陥りがちなワナ（危ない投資商品の見極め方）

僕自身、過去にいろいろな投資商品を購入してきました。個別銘柄はもちろん、投資信託やヘッジファンドなどその種類はさまざまです。

ただ、投資してみて気づいたのは、「自分で事業をやったほうがいい」ということ。20代後半から30代前半にかけ、事業のチャンスが次々に舞い込んでくる状況だったこともあり、誰かにお金を預けて失敗するよりも自分で経営したほうがいいと考えたのです。

もちろん、投資と同じように、自分で事業を運営していても「失敗」することはあります。しかしその経験が、経験資産として積み重なっています。経験が資産になるのです。

なぜ間違えたのかわからないと、改善のしようがありません。

事業の場合は「採用が思うようにできなかった」「事業領域を間違えた」「参入のタイミングが早かった（遅かった）」などがわかります。そこでの学びを次にいかせるのです。

当然、向き不向きの問題もあるでしょう。

生まれ育った環境や親の影響によって「不動産に詳しい」「株に精通している」などの場合もあると思いますので、そのような人は不動産や株で稼いだほうがいいかもしれません。自分の適性を判断することが大事です。

自分があまり詳しくないものには慎重になる必要がありますが、「怪しいな」と思っただけで避けるのではなく、とりあえず話を聞いてみること。その後、手を出すかどうかを決めましょう。新しくて魅力的なマーケットには怪しい話が多いです。たとえば仮想通貨なども黎明期はそうでした。

5年10年後を見越して考えると、いち早く参入した人が莫大な資産を手に入れているものです。今ではインフラになった鉄道に関しても、当初は「山を切り開いて駅なんかつくってどうするんだ」と言われていた時代から、コツコツと開拓して巨大な資本を築いていています。むしろ、まだ街がなかった時代から将来の街をイメージして投資していたのが、鉄道会社というわけです。

また「ＬＩＮＥ」に関しても、すでにメールやチャットがある中で流行るわけがないと言われていましたが、それでもスマホにおける新しいコミュニケーションツールとして普及し、今では多くの人が使っています。企業や行政も使用しているほどです。

このように、そこには道がないと思えるような分野でも、信じて突き進むことで大きなサービスに成長することがあります。一方で、怪しいものもあるため、話を聞いてみて判断することが大切です。

「上場」のキホン

上場（ＩＰＯ＝Initial Public Offering）とは、株式会社が自社の株式を、証券取引所（市場）で自由に売買できる状態にすることです。「株式公開」ともいいます。

日本には、東京証券取引所、名古屋証券取引所、札幌証券取引所、福岡証券取引所の４つの証券取引所があります。このうち上場企業数は東証が圧倒的に多く、そのほかで上場する企業は地元企業が多いです。

証券取引所というと、「東証一部」や「マザーズ」などの言葉を聞いたことがある人も多いと思いますが、２０２２年４月の市場再編により、現在東証には、「プライム」「スタンダード」「グロース」の３つの市場があります。

・プライム市場　　：国内外を代表する大企業が集まる市場
・スタンダード市場：プライム市場に比べて出来高は小さいが、高い実績を誇る有名企業が上場している市場

・グロース市場　　：成長の可能性を秘めたベンチャー企業が多く上場している市場

このうちグロース市場は、「売上10億円、営業利益2億円程度」が基準だといわれています。それより規模の小さな会社でも、特別な技術をもっている会社などは上場できるケースがあります。

上場するには、監査法人および証券会社と契約して準備を進めていく必要があります。「ちゃんとした会社か」「すぐに破産しない会社か」などが厳しくチェックされ、それを満たすために監査法人や証券会社と一緒に準備する必要があるのです。

証券会社による事前審査や最終審査が終了すれば、あとは証券取引所に上場の申請をします。証券取引所の審査に合格すれば、晴れて上場できる流れです。準備の開始から最低3年は必要といわれています。

昨今、プロマーケットへの上場を検討する企業も増えています。プロマーケットは、東京証券取引所が提供する市場区分の1つで、株式をプロ投資家だけが取引できる仕組みをもつ市場です。一般的な株式市場と異なり、個人投資家ではなく、機関投資家やプロフェッショナルを対象としています。上場基準や情報開示のハードルが低いため、資金調達が迅速で柔軟に行える点や、成長初期の企業でも上場しやすい環境が整っているからです。

〈メリット〉

・プロ向けのため、投資家との意思決定が早く、短期間で資金調達が可能
・一般市場に比べて上場基準が緩やかで、特に成長初期の企業に適している

・プロ投資家が対象のため、開示要件が軽減される
＜デメリット＞
・一般投資家が関与できないため、資金調達の幅が狭くなる
・参加者が少ないため、株式の流動性が低くなる
・一般市場に比べ、企業の認知度向上に結びつきにくい

特に初期成長を目指す企業やニッチな市場に適していますが、資金調達の戦略や成長ステージに応じた選択が重要です。

東京証券取引所には３つの市場があります。プライム市場は大企業が中心、高いガバナンスと成長力が求められます。

スタンダード市場は中堅企業向け、安定性と成長のバランスが特徴です。グロース市場は成長性重視の新興企業が対象です。

東証に上場するための基準とは

東京証券取引所（東証）に上場するには、企業が一定の条件を満たす必要があります。

この「上場基準」は、企業の信頼性や成長性を判断するためのものです。東証には「プライム市場」「スタンダード市場」「グロース市場」の３つの市場があり、それぞれで基準が異なります。

①株主数と流通株式数

上場企業には、多くの人に株をもってもらうことが求められます。たとえば、「株主数が何百人以上」「一定の株式が市場で売買されやすい状態であること」などが条件です。

これにより、株式が取引されやすい環境を整えています。

②会社の財務状況

企業が安定して事業を続けられるかを示すために、売上や利益などの財務状況が重視されます。一定以上の純資産（資産から借金を引いた額）や利益実績が必要です。

「プライム市場」には厳しい基準があり、「グロース市場」は将来の成長を重視して比較的緩やかな基準になっています。

③コンプライアンスとガバナンス

法令を守り、しっかりした経営体制があることも条件です。取締役会の設置や、独立した社外取締役の任命などが求められます。

これは投資家が安心して投資できるようにするための仕組みです。

④成長性や市場の期待

特に「グロース市場」では、現在の業績だけでなく、将来の成長性が重視されます。新しい技術や事業計画が評価され、企業のビジョンも上場の重要なポイントです。

これらの基準は、投資家が安心して取引できる環境を守るためにもうけられています。企業にとっても、基準を満たすことは信頼を得る大きなステップです。

上場基準は、企業の信用度と成長性を示すものと考えるとわかりやすいでしょう。

上場のメリット・デメリット

上場にはメリットとデメリットがあります。まずはメリットについて見ていきましょう。

およそ380万社ある日本企業のうち、上場企業は3800社程度。全体の約0・1％です。そのため社会的信用力が高く、金融機関からの資金調達力も向上します。

さらに優秀な人材も集まりやすくなり、株式市場からの資金調達も行えるので、新規事業の立ち上げなど会社の成長スピードをアップさせることもできるでしょう。

また創業者なら、上場に伴って自分の株式を売却すれば利益を得ることができます。保有し続けた株式も価値を高めることで、個人の資産形成につながるわけです。

一方で、上場にはデメリットもあります。まず、上場にはコストがかかります。加えて情報の開示義務があるので、競合他社に自社の状況を知られることになります。

さらに上場企業では、経営者の独断で事業を運営することができません。不特定多数の株主が目を光らせているからです。昨今は、アクティビスト（物言う株主）が増えており、ダイバーシティやＳＤＧｓ、ＥＳＧへの対応など、検討を求められる事項が非常に増えています。

そのため創業経営者の場合、これまでのスピード感が失われる感覚も少なからずあると思います。

素早い意思決定をしてきた方は、上場したことによる制約を堅苦しく感じるかもしれません。

つまり上場するということは、個人的なビジネスの枠組みを超えて、「社会的に求められる会社になる」ということを理解しておきましょう。

これらのメリット・デメリットをふまえた上で、上場を目指すのかどうか、あるいはM＆Aを目指すのかなどを検討するようにしてください。

M＆Aをするには

M＆Aとは「Mergers and Acquisitions（合併と買収）」の略で、企業の吸収合併や新設合併などの「合併」と、株式譲渡や事業譲渡などの手段による企業・事業の「買収」のことを指します。

M＆Aをするには、自社の事業と相性のよさそうな会社を探してアプローチする必要があります。最近では、M＆Aの仲介会社やマッチングプラットフォームというものがあるので、そこに登録すると買い手が見つけやすくなります。

M＆Aで対価を得たい人は、株式譲渡か事業譲渡による「売却」を選択することになります。

株式譲渡は、平たくいうと「買い手の会社の子会社になる」ということです。１００％譲渡の場合、経営権はすべて買い手の会社に移ります。

ただし、必ずしも１００％ではなくてもよく、双方の話し合いのもとで譲渡比率を決めることができます。たとえば20％、30％といった具合に少しずつ譲渡することも可能です。

株式譲渡では株式と経営権が買い手に引き継がれるだけなので、事業はそのまま継続することになります。一方で事業譲渡は、特定の事業だけを売却し、会社自体はそのまま存続します。

注意点としては、契約に「キーマン条項」があるケースです。具体的には、「売り手の経営者や役員、優秀な技術者などのキーマンは、会社や事業を売却しても、1～5年間は親会社の役員を務めなければいけない」などの条件が追加される場合があります。

こうした条項がつけられる理由は、経営者や技術者がM&Aの直後にやめてしまうと、事業が回らなくなり、買い手は当初予定していた利益を得られない可能性があるからです。

そのほかにも、各種の資料をやり取りし、M&Aに際してのさまざまな条件が決められていくのが普通です。たとえば「売り手会社の従業員の雇用はどうなるのか」「給与・評価制度はどうなるのか」「勤務時間、福利厚生などで、どちらのルールを採用するか」などについても話し合われます。両者の折り合いがついたところで、トップ同士が面談し、最終合意に進んでいきます。

M&Aの種類について

M&A（企業の合併・買収）にはさまざまな方法があり、それぞれ特徴があります。

ここでは、次の4つの手法を解説します。どの手法を選ぶかは、事業の特性やM&Aの目的を十分に考慮し、慎重に判断することが必要です。

①株式譲渡

売り手が保有する企業の株式を買い手に売却することで経営権を移す方法です。

この手法では、資産や負債、契約などが一括で買い手側に引き継がれます。手続がシンプルでM&Aの中でもよく利用される方法です。企業全体を引き継ぐため、買い手は事前に十分なデューデリジェンス（企業調査）を行う必要があります。

②事業譲渡

企業が特定の事業や資産を売却する方法です。株式譲渡と異なり、対象を特定の部門や事業に限定できるため、買い手は不要な負債や契約を引き継がずにすむ場合が多いのが特徴です。ただし、従業員や取引先との契約の移転手続が煩雑になることがあります。

③新設合併

複数の企業がそれぞれの法人格を解消し、新たに1つの企業を設立する方法です。対等な立場で統合し、双方の強みをいかした新しい組織を構築できます。企業文化や戦略を一から設計し直せる点が魅力です。新会社設立のための調整や準備に多くの時間とコストがかかる点が課題です。

④吸収合併

買い手企業が売り手企業を吸収し、売り手企業の法人格を消滅させる手法です。買い手側の既存の体制に売り手企業の資産や人材を統合するため、迅速にシナジー効果を生むことが期待されます。ただし、企業文化の違いが統合の障害になる場合もあり、統合プロセス（PMI）の適切な計画が必要です。

「連続起業家」という生き方

会社や事業を売却した後、再び起業をすることも可能です。

本当にやりたいことをやるためにＭ＆Ａで資金を増やし、次のチャレンジに挑んでいく人もいます。これも「連続起業家」の醍醐味です。

僕は27歳のときサイバーエージェントから、独立起業しました。以来、会社や事業を次々と立ち上げ、数回のＭ＆Ａを繰り返してきました。その間、上場企業の経営者になったり、学校の先生をやったり、球団経営をやったり、肩書きも働き方も変化し続けています。

それと並行して、慶應義塾高校や鎌倉学園などでビジネスを教える講師をしたり、ビジネス書を執筆したりと、ビジネスという「学問をつくる」ための活動も続けています。

自分のつくった事業や会社を売却し、すぐに別のステージに進んでいく僕の働き方を、疑問に感じる人もいるかもしれません。「事業や会社をもっと成長させたくはないのか」と。

そういった気持ちがないといったら嘘になります。しかし現実問題として、僕がビジネスの世界で一番、たとえばソフトバンクグループの孫正義さんや楽天の三木谷浩史さんのようになるのは無理です。だから僕は、自分が一番になれるポジションで、言いかえれば自分の得意分野だけで結果を出すことを心がけてきました。

逆説的にいうと、僕は「逃げるのが得意」なのかもしれません。常に新しいことをしているように見えますが、実際は一番になれないことから「逃げる」ことができたから、今のポジションまでたどり着いたのだと思います。

プロ野球選手になれなかったから大学教授を目指し、大学教授になるのをあきらめたからビジネスパーソンになり、日本でトップクラスの社長にはなれそうにないから教育の道を歩んでいると言えます。「逃げる」というとネガティブなイメージがありますが、自分が本当にやりたいこと、「天職」を探すためには「逃げる」必要があるのだと思います。やりたくもないことをイヤイヤしていたら、いつまでたっても天職には出会えないでしょう。

経営者にも「キャリア」という考え方があります。経営者だからといって、一生同じ会社を経営し続ける必要はありません。経営は人生の一部であり、ほかにも家族との時間を大切にしたり、新たなプロジェクトに挑戦したりするタイミングがあってもよいのです。1つの会社に縛られず、次々と新しい会社を立ち上げる「連続起業家」という生き方も選択肢の1つです。この生き方は、自由に挑戦し、自分の情熱を最大限にいかせる魅力があります。経営は手段の1つであり、人生を豊かにする方法は人それぞれです。自由で多様な選択肢があることを覚えておきましょう。

あなたもぜひ、固定観念を排除して、自分の働きたいように働いてください。僕たちは、圧倒的に自由に働ける時代に生きています。誰でも社長になれるし、会社員に戻ってもいいし、個人事業主として生きることもできます。

さまざまな働き方をライフステージに合わせて選択し、いつでも変更することができるのです。

付録：ビジネス入門ワーク

文章を書こう（聞く・話す・書く・読む）

これからビジネスの世界に飛び込む方へ、ぜひ伝えたいことがあります。

それは、ビジネスの基本動作となる「書く」「読む」「聞く」「話す」の４つの力を身につけることです。

その中でも特に「書く」力を意識的にトレーニングしてほしい、ということです。

多くの人は学校で「読む」や「聞く」「話す」機会には恵まれますが、「書く」ことにしっかり取り組んだ経験が少ないのではないでしょうか。

しかし、文章を書ける力はビジネスシーンで非常に重要です。メールや報告書、企画書だけでなく、自分の考えや意図を正確に相手に伝える能力が、キャリアの幅を大きく広げます。わかりやすい文章を書くことで、周囲からの信頼や評価も高まるでしょう。

では、どうやって「書く力」を磨けばよいのでしょうか。

最初のステップとしておすすめなのは、日々の振り返りやブログを書くことです。ＳＮＳ投稿もよいのですが、他人に見られることを意識するあまり、表面的な内容にとどまりがちです。

それよりも、「人に見せない前提で書く」ことを意識しましょう。ノートやデジタルツールに、本音や自分の考えを自由に書き出す時間をつくってください。

たとえば、「今日の気づき」「うまくいかなかったこと」「挑戦したいこと」をテーマに短い文章を書く習慣を続けるだけでも、大きな成長につながります。

「書く」ことで、自分の考えが整理され、何を伝えたいのかが明確になります。また、自分がどのように感じ、何を考えているのかに気づくことができるのです。

このスキルを磨けば、企画やプレゼン資料の質が上がり、仕事のパフォーマンスも向上します。文章を書く力は一朝一夕には身につきません。しかし、毎日の小さな積み重ねがやがて大きな自信と成果を生み出します。

「書く」というシンプルなワークを通じて、自分の可能性を広げていきましょう。

パソコン「グローブ」のように扱う

パソコンは、野球でいう「グローブ」のようなものです。

汚いままじゃよくないですし、「磨く」と言っても油を塗るわけではありませんが、指紋がついたり汚れたりしたら拭き取るようにして、キレイな状態を保つようにしてください。

日々使い倒すことで、徐々に手に馴染むようになります。

値段で悩むなら、グローブがそうであるように、少し高いものを買ったほうがよいでしょう。

特にデジタルツールは価格相応なことが多く、高価なものを買ったほうがパフォーマンスも上がります。

Windows なら Surface や Lenovo など、メーカーで選ぶというより、相応のものを買うべきです。MacBook や MacBook Air なら30万円も超えるものもあります。

購入したパソコンは、メモリを追加すればギガ数も大きくなります。一般的には256GBあれば問題ありませんが、迷ったらサイズを大きくしましょう。

数万円程度の差は、仕事のパフォーマンスいかんで十分に取り返せます。安くすませようとするのではなく、むしろビジネスの第一歩として、まずはかたちから入るようにしましょう。

一番高いものでなくてもかまいません。おサイフ事情もあるでしょう。ただし、迷ったら高いものを買ったほうが、よいスタートが切れると思います。

ノートとペンをもち歩こう

パソコンでメモを取るようになると、だんだんノートを書かなくなるものです。しかし、ノートとペンはぜひもち歩くようにしてください。

理由としては、パソコンを開けないことがあるからです。通常のミーティングならともかく、立ち話や机がないところで議論するとき、あるいは大企業の社長とミーティングするときなど、空気的にパソコンを開けないことがあるのです。

そのようなときには、ノートとペンを取り出してメモを取るようにしてください。そうすれば相手の心象を損ねずにすみます。

そのようにパソコンとノートでは勝手が異なることに加え、思考に及ぼす影響も違います。

パソコンメモはどうしても左上から一方向に書くことになり、画一的な思考になりがちです。そもそもパソコンは「考える」ツールではなくアウトプットするためのものなので、スピーディーかつ誤字脱字をなくすために使うのが基本です。

一方で、深く物事を考えたい場合はノートを使います。紙のメモは見返したときに「差分に気づきやすい」という特徴があるためです。科学的に証明されていることではありませんが、「一流の経営者やアーティストは紙を使う」という事実があるので、ぜひ試してみてください。

状況に応じて使い分けるようにすれば、よりビジネススキルも高まりやすくなります。

わからなかった言葉をノートにメモしておこう

わからなかった言葉はノートにメモしておきましょう。この作業は非常に重要です。

会社に入ると研修などもありますし、それでなくても、仕事の中で新しい概念などを覚えなければなりません。

覚えるべきことは「If Then（もしこうなったらこうする）」ばかりではなく、その都度、知らなかった概念やわからなかった言葉を覚えていく必要があります。

あとで自分で調べたり、上司や先輩に聞いたりすることも多いでしょう。そのときにメモを取っておくことが役立ちます。

僕もビジネスキャリアは10年以上ありますが、いまだにわからなかったことをメモしています。そしてそれは、毎日のように発生しているのです。

たとえば人の名前もそうです。その人がどのような役職で、どのようなバックグラウンドがあり、どのような話をしたのか。そのような内容を振り返るのにも、メモが活躍します。

わからないことが生じ、それをメモし、きちんと調べる。その一連の行動によって、人は成長します。確実な成長を積み重ねていくためにも、わからなかった言葉を放置せず、メモを取って調べましょう。

これを10年やった人とやらなかった人では、知っていることの総量が雲泥の差になるのです。

スマホとパソコンの使い分け方について

パソコンとスマホは使い分けることをおすすめします。

ビジネスの世界ではたくさんの文章を書くということがあげられます。長文を書くだけでなく、ビジネスの世界では、文章を書く場面が多くあります。全体を確認するためにはスマホの画面では小さすぎるのです。また、長時間の入力に適しているかどうかという差もあります。

ビジネスにおける文章は「構造」が大事です。全体の構造をスマホで理解するのは難しく、それなりのサイズがある画面で確認しながらチェックする必要があります。思いついたことをそのまま書くだけならフリック入力が速いのですが、論理的に物事を伝えるには、その後に構造をふまえて編集する必要があります。それがスマホでは難しいのです。論理構成を立てて考える習慣を身につけるためにも、スマホだけでなく、パソコンも使えるようにしましょう。

ビジネス入門ワークまとめ

文章を書こう

ビジネスの基本動作は「書く・読む・聞く・話す」中でも「書く力」を磨くためには、日々の振り返りや本音を書く習慣をもつことが効果的です。書くことで考えが整理され、伝える力が向上します。

パソコンはグローブのように扱う

パソコンは使い倒すことで手に馴染みます。購入時は妥協せず、性能重視で適切な価格帯を選びましょう。高性能なパソコンは、仕事の効率を向上させ、投資の価値があります。

ノートとペンをもち歩こう

ノートとペンをもち歩くことで、パソコンが使えない場面でもメモが取れ、相手の心象を損ねません。ノートは深く考えるのに適し、差分に気づきやすい特徴があります。

わからなかった言葉をメモしよう

わからなかった言葉や概念をノートにメモし、後で調べる習慣をもつことは、着実な成長につながります、この積み重ねが長期的に大きな差を生み、知識の幅を広げる鍵となります。

パソコン・ノート・スマホを使い分けよう

スマホだけでは、長文作成や全体構造の確認が難しく、論理的な文章を書くには不向きです。パソコンやノートも使い分けることで、編集や構成力が養われ、ビジネス文章の上達が早まります。

本書の内容の解説動画のリンク
https://www.youtube.com/watch?v=2cUjGwm8wuA

おわりに：自分なりの理論をつくろう

本書を最後までお読みいただき、ありがとうございます。しかし、ここでページを閉じて終わりではありません。本書は、あなたの「次の一歩」を踏み出すための材料であり、その先の実践にどういかすかが本当のスタート地点です。

キャリアや人生において、インプットだけでは十分とは言えません。

本を読むこと（インプット）は大切ですが、それを咀嚼して自分の中に取り入れ（アウトプット）、実際に行動に移してこそ（アクション）、成長がはじまります。そして、その成長を加速させるためにぜひ挑戦してほしいのが、「自分なりの理論をつくる」ということです。

理論をつくるとは、得た知識や経験を整理し、自分なりの価値観や方法論に落とし込むことです。それは単に「誰かの成功法則を真似る」こととは異なります。むしろ、さまざまなインプットを試行錯誤しながら、自分の強みや性格、状況に合った方法を見つけ出し、それを信じて行動するための「羅針盤」をつくることです。それは、たとえ時代や環境が変わったとしても応用が利き、長期的に成果を生み出す「普遍的なエッセンス」へと進化させることができます。

アスリートとして日々努力を重ねてきたあなたには、この「理論化」のプロセスができると信じています。本書で紹介した戦略やアイデアは、その第一歩となるヒントに過ぎません。これをもとに、あなた自身の経験や価値観を掛け合わせ、オリジナルの理論をつくり上げてください。

どんなに素晴らしいアドバイスやアイデアも、自分にとって適切な時期でなければ十分にいかせません。理論の仕入において、タイミングは重要です。今この瞬間に本書と出会ったということは、きっとあなたにとって1つの転機なのだと思います。この出会いをいかし、理論化に挑むことで、あなたのキャリアは次のステージへ進むはずです。

理論をもつことは、ただ自分の成長にとどまらず、周囲の人々に影響を与える力をもっています。あなたが理論を実践し、結果を出し、それを語れるようになれば、あなたの背中を見て憧れる人が必ず現れます。そして、その人たちがあなたの後に続き、さらなる価値の連鎖が生まれるのです。セカンドキャリアは、単に「次の仕事」を探すことではありません。自分を高め、未来を切り開く過程であり、周囲に影響を与える存在へと成長していく旅路です。その道筋で、あなたが自分の理論をもつことは、必ず大きな武器となります。

本書との出会いが、あなたのビジネスアスリートとしての未来をより輝かしいものにすることを願っています。あなたの挑戦を、心から応援しています。

福山敦士

【参考文献】
・『プラットフォーム革命――経済を支配するビジネスモデルはどう機能し、どう作られるのか』アレックス・モザド（著）ニコラス・L・ジョンソン（著）藤原朝子（翻訳）英知出版
・『ビジネスモデル2・0図鑑』近藤 哲朗（著）KADOKAWA
・『至高の営業』杉山 大二郎（著）幻冬舎

著者略歴

福山　敦士（ふくやま あつし）

連続起業家 / ビジネス教育研究家

新卒でサイバーエージェントに入社、グループ会社の取締役に就任。

2016 年独立し、株式会社レーザービームを創業。クラウドソーシングサービスを起ち上げ、東証スタンダードの株式会社ショーケースに M&A、同社取締役に就任。YouTube 事業を起ち上げ、東証プライムのスカラ社のグループ企業へ譲渡。営業支援会社の DORIRU（旧ギグセールス）を M&A。2023 年、プロ野球独立リーグ香川オリーブガイナーズ球団代表取締役社長に就任。「学問をつくる」活動として慶應義塾高校、鎌倉学園高校で講師（ビジネス探求 / 実践講座）を務める。高校時代は甲子園ベスト 8。著書累計 13 万部。

3 児のパパ。野球選手を中心に、元アスリートのキャリア支援に定評がある。

キャリア相談はこちらから
https://fukuyama.monster/contact/

ビジネスアスリート入門

セカンドキャリアで年収 1000 万円目指すための方法

2024年 12 月 20日　初版発行

著　者　福山　敦士　© Atsushi Fukuyama

発行人　森　　忠順

発行所　株式会社 セルバ出版
〒 113-0034
東京都文京区湯島 1 丁目 12 番 6 号 高関ビル 5 B
☎ 03（5812）1178　　FAX 03（5812）1188
https://seluba.co.jp/

発　売　株式会社 三省堂書店／創英社
〒 101-0051
東京都千代田区神田神保町 1 丁目 1 番地
☎ 03（3291）2295　　FAX 03（3292）7687

印刷・製本　株式会社 丸井工文社

Printed in JAPAN
ISBN978-4-86367-931-3